公民投票
直接民主政治學

李昌麟 ◆ 著

五南圖書出版公司 印行

目　次

表 次

圖　次

1

緒　論

第一節
直接民主之倡議

　　中華民國創建者孫中山與法國總統席哈克（Jacques Chirac）皆爲領袖級政治人物，同爲直接民主之提倡者。值得強調的是，兩者皆舉出直接民主、公民參政的重要原理與趨向，對當時的中國或現今的歐洲而言，實具有指標性的象徵與意義。

一、以我國爲例

　　孫中山早年因參酌歐美憲政制度，曾大力提出「全民政治」與「直接民權」的主張。他在民權主義演講中有一段發人深省的談話：

　　「關於民權一方面的方法。世界上有了一些什麼最新式的發明呢？第一個是選舉權。現在世界上所謂先進的民權國家，普遍的只實行這一個民權；專行這一個民權在政治之中是不是夠用呢？專行這一個民權，好比最初次的舊機器。只有把機器推到前進的力，沒有拉回來的力。現在新式的方法，除了選舉權之外，第二個就是罷免權。人民有了這個權，便有拉回來的力。這兩個權，是管理官吏的。人民有了這兩個權，對於政府中的一切官吏，一面可以放出去，一面又可以調回來，來去都可以從人民的自由。這好比是新式的機器，一推一拉，都可以順由機器的自動。國家除了官吏之外，還有什麼重要的東西呢？其次的就是法律。所謂有了治人，還要有治法？人民要有什麼權，才可以管理法律呢？如果大家看到了一種法律，以爲是很有利於人民的，便要有一種權，自己決定出來，交由政府去執行。關於這種權叫做創制權，這就是第三個民權。若是大家看到了從前的舊法律以爲是很不利於民的，便要有一種權自己去修改。修改好了之後便要政府執行修改的新法律，廢止從前的舊法律。關於這種權叫做複決權，這就是第四個民權。人民有了這四個權，才算是充分的民權，能夠實

行這四個權，才算是徹底的直接民權。從前沒有充分民權的時候，人民選舉了官史議員之後，便不能夠再問，這種民權，是間接民權。間接民權就是代議政體。用代議士去管理政府，不能直接去管理政府。要人民能夠直接管理政府，便要人民能夠實行這四個民權。人民能夠實行這四個民權，才叫做全民政治。」

透過中山先生的談話，使我們更加明瞭選舉、罷免、創制、複決等四種公民參政權皆同屬重要。此外，孫氏不僅醉心於瑞士的全民政治，並認為直接民權可用來彌補代議政治之不足，及修正代議政治所產生的流弊：「中山先生深知代議制的不夠，要想拿直接民權的民主政治來補代議政治之不足。關於此種政治，或者亦可名曰公民投票的民主政治。再有一個名詞，叫直接立法的民主政治，其意義相同。中山先生知道代議政治政府與人民之間有議會議員介於其間，所以民意不能直接表現出來，因為有黨派操縱與資本家利用議員。中山先生為要免去這種毛病，所以極力提倡直接民權的民主政治，所以再三說明四種政權的重要，即在於此」（張君勱，1997：45-46）。

我國憲法是依據孫中山遺教而制定，而中山先生堅定主張直接民權制，反對代議政治，張君勱先生亦據此而規定了創制、複決的「直接民權」制度（憲法第 17 條：人民具創制複決之權；第 123 條：縣民之行使參政權規定），但此二種理想，皆未見實踐（楊志誠，1998：120）。

二、以法國為例

法國總統席哈克（Jacques Chirac）為推動歐洲的整合與團結，不遺餘力。在公民投票方面，席氏所提出的觀點，甚具創意。他認為：「未來的歐洲有必要透過公民投票方式建立歐洲聯邦，制定一部歐洲新憲法，並以此票選歐洲總統。」他期盼：「日後以公民投票決定政策將愈趨頻繁」（Jacques Chirac souhaite que le recours au référendum soit désormais plus fréquent）。

席哈克進一步指出：「我與你們大家一樣，皆是民主政治的擁護者，我主張對法國須進一步擴展立法公民投票的範圍，擴大地方性的公民投票及建立公民創制權制度。來年公民投票將與法國的文化及實際的生活緊密結合在一起。」

對於歐洲的未來，席哈克總統說：「面對世界新情勢，歐洲須站穩立場，並防衛歐洲的利益與價值觀，使歐洲走得更遠。尤其，歐洲大陸須在各層面以行動達成功效，我們曾致力於歐洲經濟與貨幣統一的問題，已有顯著的成效。但是，歐洲的進一步升級須靠歐洲人凝聚共識，歐洲人須共同防衛歐洲政策，亦須共同提出歐洲社會模式願景。簡言之，歐洲須致力於團結與平衡，促進經濟效益，對文化多元的尊重，並奠定歐洲未來的命運。基此，可透過討論制定歐洲憲法，其目的在於歐洲的權限分配，及訂定國家間的遊戲規則，同時，在基本權利憲章中訂立歐洲共同的價值觀，藉以凝聚歐洲共識。歐洲憲法能促進歐洲人共同的願景，使歐洲人融合一起，並以建立歐洲聯邦為目標」（李昌麟，2003：5）。

第二節
研究方法

本書除理論研究外，並以田野調查、實地研究，彙集學者專家意見及作者對直接民主、公民投票之解析等特點所撰寫完成。首採文獻研究比較法，透過國內外專書、期刊、政府公報等作為研究參考之依據。作者為撰寫此書，曾遠赴法國、瑞士移地研究。感謝行政院科技部給予補助。曾前往法國國會、法國國家資料中心、圖書館及巴黎大學等蒐集資料，並將所蒐集的資料，如法令專書、重要期刊、論文等彙整，作成研究。尤其感謝巴黎第十大學法政博士學院院長 Danièle Lochak 女士、Bui Xuan Quang 名

教授、瑞士日內瓦發展研究學院 Pape Ndiaye Diouf 教授等，提供寶貴的研究建議。特別是作者於法國研究期間，能向法國總統席哈克（Jacques Chirac）請益，感謝其辦公室主任 Annie Lheritier 提供寶貴資料。

　　作者亦曾前往瑞士日內瓦大學政治系進行研究。於研究期間依既定之計畫，利用田野調查實地研究，曾前往日內瓦大學政治系、日內瓦大學圖書館、聯合國駐歐洲總部、蘇黎世大學、瑞士國會、國家資料中心、瑞士直接民主研究中心、日內瓦創制複決研究機構、日內瓦社區公民團體協會、洛桑社區工會等地參訪及蒐集資料，彙集學者專家寶貴之意見，進而做成研究報告。特別感謝日內瓦大學政治系主任胡格（Simon Hug）、「瑞士直接民主研究中心」（Centre for Research on Direct Democracy Switzerland）副主任瑟杜勒（Uwe Serd lt），及研究員歐勃（Nicolas Aubert）、「歐洲創制複決研究機構」（Initiative & Referendum Institute Europe）會長考夫曼（Bruno Kaufmann）、艾蒙（Francis Hamon）教授、瑞士國會議員果斯（Andreas Gross）等所給予之協助。

2 公民投票憲政制度

第一節
公民投票與創制複決權

公民投票與創制複決的解釋：有些學者認為複決權（referendum）即為公民投票；亦有些學者將複決權與公民投票（plebiscite）區隔，複決權為針對憲法或重大法案的立法過程，加上公民同意的程序；公民投票為對國家政體、重大公共政策之公民抉擇（謝富生、張台麟，1997：5-10）。

過去，我國是否須採行公民投票涉入了統獨的爭議，因而不少學者主張以落實憲法的創制複決權，來實施公民參與公共事務的基本權利（黃錦堂，2001）。作者以為公民投票與創制複決雖具解釋之區別，但其間並無不相容之處，公民投票定義有必要以廣義來作詮釋，藉以包括創制複決的範圍。況公民投票與創制複決皆為國家實行直接民主、公民參政的理想。毫無疑問，公民投票制度屬於一種國家政治開放的制度，環顧世界各國實施的情況，絕對禁得起民主時代的考驗，我們須立法確切界定與規範其施行的範圍，建立公民投票制度。

第二節
公民創制權

我國憲法與地方制度法均提出創制權（initiative）之規定。

一、創制定義

就法律面而言，公民以法定人數提議並提出法案，經投票以制定法律，稱之「公民創制權」。換言之，以公民意志直接提出法律或法規案及修改法律或法規案，即為公民創制。此制度創始於瑞士，美國、義大利等國相繼實行。

二、創制方式

分為間接創制與直接創制。

（一）間接創制

公民創制案須先由立法機關審議，若經贊同，創制案即可成為法律；若不贊同，立法機關得提出反對案或反對理由，連同公民創制案，合併交由公民投票表決，此方式亦稱原則創制。為避免人民因缺乏立法的專門知識及經驗，造成粗率立法而採此項方式。換言之，公民僅以立法原則提出法律案或自治條例案，再交由立法機關審理。間接創制為德國聯邦所採行之制度。

（二）直接創制

公民創制案不須先交立法機關審議，可直接由公民投票。此制亦稱草案創制或條文創制。直接創制與間接創制相比，直接創制是屬於比較開放的制度，此制度為瑞士、義大利及美國各州所採行。

三、創制形式

分為條文創制與原則創制。

1. 公民創制案須擬定法律條文方得提出，稱之條文創制。

2. 公民創制案不須擬定法律條文，只提出原則方案，送交立法機關審理。

四、創制範圍與限制

分為純創制法律案或純創制憲法修正案。

1.一般而言，具備公民創制權制度的國家，公民皆可提出普通法案與憲法修正案。

2.限制方面：禁止公民創制涉及純政府的權限，如預算案；或直接影響重大公民利害關係，如租稅案等。

地方創制案須以地方立法事務為限：縣市公民創制權之行使，須以縣市議會立法事務為限。至於委辦事項的立法權屬於上級政府，不屬於縣市議會，縣市公民因而無法行使地方立法事務以外的權限。

五、創制法定效力

一旦經由公民行使創制權通過的法律，其法定效力較普通法律高，尤其政府不得隨意將其刪除。美國州長可針對州議會通過的法案行使否決權（veto power），但不得對公民創制法律行使同樣權力，可見公民創制的重要（黃錦堂，2001）。

六、公民創制法案投票通過概率

一般說來，具備公民創制權制度的國家，如瑞士、義大利及美國各州，公民自行創制的法案比政府所提出的法案投票通過率為低。

第三節
公民複決權

我國憲法與地方制度法均提出複決權的規定。

一、複決定義

　　就法律面而言，公民以法定人數提議或政府請求，將法案或國家重大政策交由公民投票決定的權利。孫中山曾說過：「複決權即為廢棄權，法律有不便於人民者，以公意廢止或修正之。人民有此權力，自可以管制議會的立法，以防議會之專橫、不顧民意。」因而，進一步區分：

　　1.複決權之消極性：防止議會專擅，實行公民監督，彌補及補救議會政治之不足與弊端。

　　2.複決權之積極性：實行直接民主、確立公民參政制度，並強化「主權在民」的理想與功能。

二、複決種類

　　公民複決制度分為強制（compulsory）複決與任意（optional）複決。

　　立法機關制定之特別法案（如憲法修正案及特定法案），須經公民投票決定方為生效，稱之強制複決。立法機關制定之法案經公民或政府請求時，以公民投票決定，稱之為任意複決。

　　訴諸任意複決的對象如下：

　　1.具有法定人數之公民提議。

　　2.政府提出請求：政府對立法機關通過之法規，如認窒礙難行，可要求公民投票決定。

　　3.立法機關自行申請。

4. 地方（如各州、縣市）提出申請。

三、複決權行使（依複決程序）

1. 複決項目的認定：以普通法案，或憲法修正案（全部或部分）作認定。
2. 提出複決：須在法定期限內，由公民按法定人數簽署，或政府、立法機關的請求，提出複決。
3. 複決一經提出，原法案之效力，須至公民投票結果，方能確立。
4. 公民創制與複決權皆為直接立法的權限。公民創制係經公民投票制定新的法律；而公民複決係針對既定之法案，以公民投票決定其存廢。

四、複決標的

分為憲法、立法、國際條約等複決。

1. 對立法、制憲機關制定的憲法案，或憲法修正案進行公民投票複決，稱之為憲法複決。大多數國家（如：瑞士、法國、義大利、俄羅斯及美國各州等）均有設置憲法公民複決制度。我國過去無修憲公民複決制度，憲法規定修憲權屬於立法院，立法院具修憲權，然過去，則提請國民大會複決。

2. 對立法機關通過或否決的普通法律案，由公民投票複決，稱之為立法複決。具公民投票制度之國家，憲法規定公民可行使立法複決權。我國過去無立法公民複決制度。

3. 國家訂立國際條約，交付公民投票複決，稱之為國際條約複決。歐洲統合，各國簽訂條約（如馬斯垂克條約），丹麥、愛爾蘭、法國等國皆以公民投票決定政府政策，瑞士加入聯合國亦經公民投票複決。

五、複決範圍與限制

1. 範圍方面：公民複決案須以立法機關的權限爲範圍。

2. 限制方面：依照瑞士聯邦憲法及美國各州憲法規定，關係國家安全緊急法案或條款，禁止公民投票複決。財政案（預算、租稅法及薪俸法）禁止公民投票複決（德國、美國地方憲法均有規定）；我國 1999 年地方制度法規定，地方公民複決權之行使，須以地方自治事項爲限（黃錦堂，2001）。

第四節
問題分析

歐美國家公民投票制度之形式與性質不一，所實施的情況亦各有不同。

一、公民投票制度形式與性質

分爲諮詢式（consultative）、決議式（délibératif）及命令式（impératif）公民投票。

（一）公民投票屬於諮詢式性質

諮詢式公民投票係屬參考性質之投票。通常歐洲國家國會根據需要，向人民提出意見徵詢，但是否採納，最後仍由國會自行決定。例如：挪威曾向人民提出與瑞典分立、酒精飲料禁止販售及加入歐洲共同體等議題之徵詢。比利時亦徵詢有關雷歐伯三世（Léopold III）國王重新掌權問題。

值得一提的是，諮詢式公民投票除了盧森堡與瑞典憲法有明文規定外，大體上，此類投票並不受憲法的約束。

（二）公民投票屬於決議式及命令式性質

決議式及命令式之公民投票係照憲法所規範的投票制度。人民表達意志並做下決定，之後國會據此採行措施，或國會已採行之措施，透過公民投票後生效。例如：瑞士聯邦與各州人民按照憲法投票決定，奧地利、丹麥、義大利、法國及美國各州亦照憲法規定投票。值得注意的是，法國制度係屬混合制，一般之國會法足以修改公民投票法，或以國會法取代公民投票法（Aubert, 1972: 481）。

二、公民投票標的

通常，公民投票的標的皆與憲法及國會制定的法律相關。但政府法案亦可成為投票標的，此乃義大利憲法第 75 條第 1 款、第 76 條與第 77 條第 1 款，及瑞士尼德瓦得（Nidwald）州憲法第 5313 條相關之規定。

與公民投票標的相關之主題歸類如下：

1. 法律規定。
2. 計畫措施方案。
3. 國際條約。
4. 財政措施。
5. 有自由決定權之行政法案（例如政府對開採、經營、土地使用等的讓與等）。
6. 純政治法案（例如解散國會，或稱罷免權）。

但是，公民投票在行使方面亦有例外之規定。例如美國加州與瑞士於1949 年皆動用緊急條款使得公民投票的結果無需等待生效期限，立刻進入

生效狀態。此外，公民投票的結果亦有可能透過例外規定之動用而遭到擱置。

三、公民投票種類

如前所述，公民投票的種類分為強制性與任意性兩種。前者若無人民之投票結果則政府欲採取之措施無法定奪，亦不能生效實施；後者則較具有彈性，然而亦必須在期限內舉行投票。經比較言之，強制性之公民投票較具制裁作用，因人民可以做最後的公決；而任意性之公民投票，通常取決於國會授意，使得國會與人民需達成妥協。

以瑞士為例，聯邦國會所採取之公民投票法案必須與憲法條例相關，此時之公民投票屬於強制性。然而國會亦可以選擇立法性之公民投票，公民投票則可成為任意性投票。

四、訴諸公民投票對象

主要授與國會、法定機關及公民團體三種特定對象。

（一）國會方面

1.多數政黨的國會：通常公民投票法案之製作係透過多數政黨的國會進行。以瑞士為例，大多數各州即以國會多數做為特定之對象（如瑞士首府伯恩自 1972 年 3 月 5 日憲法修改後即依照此程序）；奧地利憲法第 43 條第 2 款亦有同樣規定。以多數政黨的國會提出重大的法案並利用公民投票案決定，在憲政之原理上有其正當性。主要理由在於國會議員合力通過相關重大法案，並與人民分擔重大之政治責任。

2.少數政黨的國會：依規定以國會議員之三分之一人數可以發動公民投票法案。此為丹麥憲法第 42 條第 1 款第 1 項、奧地利憲法第 44 條

第 2 款關於部分修憲條款、義大利憲法第 138 條第 2 款特針對所有修憲案之相關規定。以國會少數的政黨發動公民投票藉以透過人民仲裁並加以區隔朝野立場,此制度即在充分保障國會少數政黨的權力,然而卻恐導致反對黨與執政黨因公民投票議題而掀起戰爭。反對黨此時往往因「公民投票」的藉口迫使執政黨在某些立場上退卻或讓步,同時在立法方面之溝通協調,卻由於政黨的激情與政治化而顯得冗長及複雜。

兩院制國會之上議院:當兩院制之國會往往上議院並未具備如同下議院之權力時,而有所謂向人民提出訴求之補償。此為德國威瑪共和國之例:特別針對修憲案(憲法第 76 條第 2 款)。

(二)總統提出

此為法國之例,公民投票可由總統提出。法國第五共和憲法第 11 條規定:無論國會之贊成或反對,允許總統直接與人民制定法律。尤其在制定國家重大之政策方針時,此種公民投票之訴求是極為可能的。然而以法國的公民投票而言,單為總統個人向人民徵詢意見,往往出自個人的喜好,同時所徵詢的主題對總統本人有利。

(三)法定機關

發動公民投票權亦可以授與製作公民投票法案的機關。德國威瑪憲法曾規定一套繁複之公民投票實施依據,其間德意志總統可將國會制定的法律交由人民公決(德國威瑪憲法第 73 至 76 條),但卻從未實施。瑞士聯邦憲法賦予瑞士八個州在一般聯邦性之法律與條例方面擁有訴諸公民投票權(憲法第 89 條與第 89 條之 1),亦未實施。義大利憲法(第 75 條與第 138 條第 2 款)有類似之規定,亦同樣甚少施行。

（四）公民團體

對於任意性之公民投票而言，公民團體具發動投票的權利。此權利最早可追溯至法國大革命時期（參考法國 1793 年 6 月 24 日憲法第 59 條）；同時，瑞士聯邦各州、美國各州及義大利亦通常由公民團體發動投票。此例經常因公民投票而產生團體間現實之衝突，而須透過聯合公民團體之組成並簽署協議，以解決紛爭。

五、投票實效性

公民投票的實效性分為先前性（préalable）與事後性（subsequent）。

（一）先前性與事後性標準

政府對尚未制定的政策與相關措施，事先訴諸公民投票，此類公民投票屬於先前性投票；政府針對已制定的政策與相關措施，透過公民投票表決，此類公民投票屬於事後性投票。

對於先前性的投票來說，雖然具有原則示範作用，換言之，人民在最早的時間即干預政治決定過程，以便在政策尚未形成之前即具備民意指標示範作用，但缺點在於所主張的公民投票標的因屬自創性而顯得較不明確。一般而言，公民投票通常為事後性的投票。

瑞士透過公民創制權提出全部憲法修正案（依照瑞士憲法第 120 條之規定），並於 1935 年舉行先前性的投票；同樣地，部分憲法修正案（憲法第 121 條第 5 款之規定）亦可經由先前性的投票表決。法國在公民投票方面，取決於總統所做的決定，公民投票在時效上有時為先前性，有時為事後性：例如 1972 年 4 月特針對批准比利時布魯塞爾條約舉行事後性的公民投票；另亦針對「打開歐洲大門新展望」訴求舉行先前性的公民投票。

（二）事後性的投票分為終止性與決議性兩種

投票在法案尚未具備效力之前，稱之為終止性（suspensive）的投票。對已生效之法案進行投票，稱之為決議性（résolutoire）的投票。終止性的投票之好處，在於人民可以就不樂於見到的法案拒絕使之生效。

但是，根據瑞士法律（憲法第 89 條之 1），瑞士所採行的公民投票大都屬於決議性，特針對法規之施行與否做最後的決定。丹麥法律（憲法第 42 條第 7 款）亦提出相同的規定。

至於義大利法律，對其立法的程度而言（義大利憲法第 75 條）規定，公民投票屬於「廢除性」（abrogatoire）投票，意指以公民創制權尋求對某一項法律的廢除。

決議性投票並不具備追溯的效力。如義大利於 1970 年廢除離婚法，但以不追溯為原則，至兩年後才正式廢除。

六、公民投票結果判定

公民投票結果的判定須依照贊成或反對的情況而定，但實施公民投票制度的國家有不同的規定。

對於公民投票法案結果判定的情況如下：

1.贊成票超過反對票，此為公民投票制度最普遍的情況。例如：瑞士、法國、及美國各州等皆是透過此投票結果以分出勝負判定。但瑞士特針對聯邦憲法修正案時，各州贊成票或反對票須超過選舉人投票的半數。

2.贊成票超過選舉人投票的半數。此為德國威瑪憲法（第 76 條第 1 款第 4 項）特針對以人民創制權提出對憲法修正案的規定。

3.贊成票不及選舉人數的半數，只部分超過反對票。此為丹麥憲法特針對憲法修正案的規定（憲法第 88 條規定必須至少具備百分之四十以上的贊成票）。

4.贊成票超過反對票，或反對票超過贊成票，所超過的票數不及選舉人數的半數，但須超過百分之三十的票數。此為丹麥憲法特針對一般法律所提出的規定（憲法第 42 條第 5 款規定，為否決一項法律必須至少百分之三十對該法律提出反對票）。

5.反對票不須達到選舉人數的半數。此為瑞士於 19 世紀所使用之舊否決權制度。

6.贊成票超過反對票，或反對票超過贊成票，所超過之票數不須達到選舉人數的半數。此為德國威瑪憲法（第 75 條）一般規定、義大利憲法（第 75 條第 4 款）的規定（Hamon, 1997: 6-8）。

3

直接式民主與間接式民主

在法政相關學科的範疇中，「民主政治」係向來備受爭議的議題。針對民主國家所實施的民主政治相比較，民主政治主要可以分爲「直接式民主」與「間接式民主」兩種。分別探討如下：

第一節
直接式民主傳統類型

直接民主政治可追溯自遠古時期。早於希臘羅馬時代，曾實施過直接民主（Zogg, 1996: 32）。著名的例子爲希臘城邦，在希臘雅典之貝希格勒（Périclès）時期（約爲西元前 450 至 430 年），當時之市民集會之場所稱之爲愛克烈西亞（Ekklesia），類似於今日之市民會議，負責召集市民集會，並安排會議議程。會議已具備制定法律、選出公職人員、宣戰媾和、締結盟約等重要權限。其實，希臘雅典時代已草具市民直接民主參政雛型。

羅馬共和國期間，所採行之政體雖由貴族階級組成，但已開始採用類似今天的民主機制。當時成立之人民會議具備立法、選舉、司法及民事方面的權限。值得一提的是，羅馬貴族階級亦發動與現代類似之公民創制權。當時於西元前 287 年第一次由平民會議（consilium plebis）所制定之法律成立，從西元前 210 年起，大部分的法律皆透過平民會議立法。而現代公民投票（plebiscite）所稱之字眼，正出於古羅馬時代，意指「經由平民會議投票決定」（Hamon, 1997: 5）。事實上，在遠古時期，公民參政權只略具形式，而所謂直接民主參政，不但須由人民來組成政府，另一方面亦必須考慮平民、無知識者、賤民與窮人之基本權利。當時之平民被形容爲「只顧求得更多的麵包與玩樂」。希臘哲學家柏拉圖（Platon）將民主政治視爲超越理性層面之至高激情。亞里士多德（Aristotc）在其「政治篇」（Politique）論著中意指民主政治有如「窮民與貧賤之人」所組成之

政府（「政治篇」第三卷），民主必須包容無節制、不穩定與放蕩無拘之政治。

在同一時期，日耳曼人亦創建人民會議，稱之爲性思（things）每一部族均有各自之集會：每屆初一或十五日召開部族會議。在中世紀時，類似現代國家會議形式於當時歐洲國家出見，當時已存有基本社區形式之會議，重要者爲蘭斯捷門登（Landsgemeinden），爲瑞士境內中部地區四州（Quatre-Cantons）湖區最大會議場所，具備司法權、立法權、行政權、及選舉權等，十六歲以上平民皆可參與會議活動，但婦女及未繳交土地稅金之異國人士禁止參加。據傳：瑞士境內中部地區會議之建立，可能受到中世紀初期義大利北部地區佛蘭克尼（Franconie）之區域性會議與地方農業區實施民主參政之影響，如是農業區透過民主方式結盟，及藉人民會議之便，農民集聚一堂。同時在歐洲地區（北歐沿海地區、冰島、諾曼地（Normandie）、聖 - 馬亨（Saint-Marin）及法國與西班牙邊界庇里牛斯山（Pyrénées）地區等）亦出現類似住民參政而成立之會議。許多西歐地區自由城市皆具備公民會議、城鎮會議（town meetings）等。

第二節
直接式民主與間接式民主比較

「民主政治」（demokratia）在古希臘文的解釋爲人民政府。民主政治最主要之涵義即是主權（souveraineté）屬於人民，並透過公民之權利行使政權。公民權利之行使可以是直接的，無需透過中間者，經由公民集體投票，稱之爲直接式民主；亦可以透過由公民選出之代表間接行使，稱之爲間接式民主或代表式民主。

一、直接式民主

直接式民主爲民主政治最高之理想。直接民主需要一個理想之政治制度，在此制度之下，所有公民自由且平等的參政。換言之，人民針對公共事務自決。根據法國思想家盧梭（Jean-Jacques Rousseau）所提出之論述：「一個完美的政府必須具備民意的基礎」、「民意等同天意」（參考盧梭著作「社會契約論」第三卷、第四章，Du contrat social, livre III, chap. IV; Jean François Braunstein, Du contrat social, Livre I à IV, Texte intégral, Paris, Éditions Nathan, 1998）。

最接近「直接式民主」類型的國家，爲當今實施議會體制的瑞士。在瑞士境內地區：格拉瑞斯（Glaris）、歐勃瓦得（Obwald）、亞賓塞耳內羅德（Appenzell Rhodes-Intérieures）及亞賓塞耳外羅德（Appenzell Rhodes-Extérieures）各州，每年召集州民至蘭斯捷門登（Landsgemeinde）開會，在會議期間討論法案，透過舉手方式表達贊成或拒絕，並選出代表行使權限等。事實上，實行直接式民主並非簡單，須考量時間、人力、物力、金錢之耗費，主要在於所有人民務必參與政治決定過程，使得國家決策符合人民之意志。

二、間接式民主

間接式民主亦稱代表式民主。人民之權力只侷限於定期選舉代表。當選者聚集於國會以行使立法權，議員擅長國會之各項討論，並針對法律及預算案投票等。國會議員的形象與專業問政的能力如同公民素質之反射，大體上受到肯定，但問題是只有國會負責表達國家之意志（la volonté de la nation）。在代表式之制度下，人民在立法期限內無法參與決定過程，使得代表者對人民的意志可能產生錯誤性之解釋，甚至有曲解與錯估民意之嫌。此外，此制因缺乏人民參與使得決策過程流於形式，很難眞正合乎民主。

　　歐洲國家向為議會制度的發源地，屬於「間接式民主」的國家為：英國、德國、比利時、荷蘭等國。此等國家所實施之制度，可以同樣視為非常接近所謂「純代表民主」制度。但是比利時王國與英國西敏寺（Westminster）議會體制皆曾透過全國性人民諮商之方式實施直接民主；荷蘭亦曾行使全國與區域性之公民投票；而德國憲法亦規定在領土轉讓之時，以各邦進行公民複決。上述範例可以證明，實施純代表式民主制度的國家，亦透過規定進行公民投票。作者在此舉出純代表式民主制度，不同於直接式民主制度的主要理論特徵在於：憲法所規定的選舉制度，除了對人的選舉之外，其餘直接民主方式的投票皆備而不用，此外憲法並無全國性公民投票的規定。英國的國會制度較屬於純代表式民主，而瑞士境內某些州所組成之州民會議則較屬於直接式民主。然而，在民主國家制度實際之運作方面而言，並無任何一個國家本身之制度屬純代表式或純直接式。理論上，此兩種制度呈現的差異，使得政策決定流程亦有不同。事實上，上述制度並不互相排除，亦未完全對立，在政治系統範圍內，可以互相配套行使，並產生互補關係。多數西歐國家實施代表式民主與直接式民主類型混合的制度。

　　作者進一步將上述混合的制度再予分成半直接式民主與半代表式民主兩種類型。此兩種制度類型的優點，在於強化純民主制度。半直接式民主國家比較容易實施直接政治，而半代表式民主國家比起純代表式民主國家更具真正之民主，因為公民的權限已經超越了只有選舉代表的能力。

三、半直接式民主

　　半直接式民主混合了代表式民主與直接式民主之成分，尤其更加添了直接式民主之部分。在此制度之下，公民不僅只是選舉議員，同時亦透過公民創制與複決權的民主機制直接干預公共事務。此相關機制係法律強制力與對公民參政的苛求之間所達成的妥協。因而，公民無需透過中介表達

自身之主權,而可以針對某些政治問題,經由政府或選舉人與團體等提出意見後進行公民投票。對於法律與決策方面,人民尤其擁有在憲法與立法方面更大的權限,但立法權仍舊維持屬於國會之職權。瑞士實施的政治制度為此制最佳的典範;丹麥、愛爾蘭、義大利及列支敦士登等國亦可稱之為半直接式民主國家。

四、半代表式民主

半代表式民主係一方面借助於代表式民主之成分,另一方借助於直接式民主之成分。半代表式之民主與純代表式之民主最大不同特徵在於前者較強調全民參政之重要性。對於某些實施半代表式民主的國家而言,公民非僅透過國會選舉選出國會議員,並仍可干預政府或國家元首之選任等。經由頻繁之投票,選民依然可以擁有對當選者某些之控制權。此外,此種制度有時重視直接民主行使之方式,例如公民投票,但實施公民投票的次數較少,有時卻允許人民針對特別重要的問題進行投票。奧地利、西班牙、芬蘭、法國、希臘、冰島、盧森堡、挪威、葡萄牙、瑞典等國家,依其不同的施行程度,屬於半代表式民主制度(Zogg, 1996: 14)。

第三節
直接式民主與間接式民主爭論

一、菁英主義與民眾主義之爭論

依據憲政類型比較:
1. 菁英主義:屬於傳統的議會主義,強調「議會主權」原則。
2. 民眾主義:不同於傳統的議會主義,強調「人民主權」原則。

以英國為例，英國民主政權建立之後，並非強調人民主權，而是強調和實行議會主權。過去英國的憲法學者極少有人認為英國法律應規定人民主權原則。但是近年來，有些學者亦強調主權在民，甚至認為議會主權是一種法律主權，而不是政治主權；政治主權應屬於人民，因為議會是由人民選舉的，企圖將議會主權與人民主權予以調和。

但對於憲法而言，「人民主權」係為最重要之原則。17、18 世紀，為了掃除「君權神授」、「朕即國家」的意識型態，霍布斯（Thomas Hobbes）、洛克（John Locke）及盧梭（Jean-Jacques Rousseau）等思想家以「自然權利」與「社會權利」之說，提出了人民主權的思想，這種思想雖有其特性，但在當時卻是一種激進的理論。歐美國家的憲法大都建立在人民主權的原則。1789 年的法國「人權宣言」到 1919 年德國的威瑪憲法，以迄第二次世界大戰後法國、德國和義大利憲法，無不肯定人民主權為憲法的重要原則。美國憲法雖然沒有明確規定人民主權的原則，但在其序言中開宗明義地揭示：「我們美利堅合眾國人民，為美國制定並確立這部憲法」。根據傳統的觀念，君主制的特徵是「君主主權」，它與「人民主權」的觀點是格格不入的（羅豪才、吳擷英，1997：12-13）。

二、國會主義與公民投票之爭論

以支持「國會主義」為例，支持國會主義者認為，在代議民主政治之國會主義下，選舉國會議員已讓公民參與選擇，公民投票並無增加民主制度的合法性，且一般人民缺乏興趣、時間及專業知識，無法對複雜的公共事務周詳思辯，反而可能損及人民利益，倒不如透過國會以專家政治隨時體察民意、反應民意，並以立法部門作為監督政府最有效之對象。

以支持「公民投票」為例，支持公民投票者則認為，公民投票擴大公民的政治參與，加強民主制度的合法性。公民投票的結果可能反映當時民意，有助於人民與政府間溝通。至於對公民能力的批評，其實適用於任何形式的民主政治，無法勝任公民投票的人民，又如何能夠選賢與能？

三、直接式民主與間接式民主之價值爭論

　　過去傳統的民主政治，大多是間接式的民主，換言之即是代議民主。在不同的國家，議會的法律地位不盡相同。有些國家的議會號稱為最高權力機關，如英國、日本、澳洲等內閣制國家。它們標榜議會主權，其法律地位居於行政和司法之上，行政是對議會負責，在立法上，議會不僅可以制定和修改法律，還可以制定和修改憲法性法律，居於最高立法機關的地位。有些國家的議會標榜最高立法機關，但不是最高權力機關，如美國國會等，其地位與總統和法院平等，它們依法相互制衡，在立法上，國會則是聯邦唯一立法機關，不僅可以制定法律，還有權修改憲法，但需經四分之三的州批准。有些國家的議會則只規定為立法機關，沒有表明「最高」、「唯一」的特性，這樣的議會往往擁有立法的權力是有限的，它們只能制定一般法律，無權修改憲法，如果制定和修改憲法，則需要另行召開制憲會議，這種制憲會議就是最高立法機關。如 1793 年法國憲法就規定，當「要求修改憲法或更換憲法的某些條文時」，必須召開「國民制憲會議」，並舉行公民投票（ibid: 22-25）。

　　間接式民主的缺點為一般選民僅能在間隔數年舉行的選舉中投票選出代表，其餘時間則只能聽從代表們的決定。

　　直接式民主的優點為：首先，公民投票制度並非取代國會制度，人民選出的代議士，仍須在國會履行契約任務，只是他們的決策不再具有代議民主那種「最終決定的效力」，在必要時必須接受全體公民的投票考驗。如此，議員須面對社會大眾更多的關注與監督，促其須更敬業，問政須更專業，有助於國會效能的提升。其次，公民投票制度促使選民與大眾傳播媒體更注意政府的決策動向，不僅讓國民對公共事務更嚴肅認真，對自己更負責，亦有助媒體素質的提升，而這些正是建構公民社會與民主現代化的條件。

表 3-1　歐洲國家公民投票制度比較

	依照憲法規定全國性公民投票	強制性憲法公民投票	公民創制權	一般任意性公民投票[2]	特別任意性公民投票[3]	體制類型	公民投票次數[4]
瑞士	＋	＋	＋[5]	＋	＋	半直接	437
列支敦士登	＋	－	＋[6]	＋	＋	半直接	56
義大利	＋	－	＋[7]	＋	＋	半直接	39
愛爾蘭	＋	＋	－	－	＋	半直接	18
丹麥	＋	＋	－	－	＋	半直接	12
法國	＋	＋[8]	－	－	＋	半代表	7
奧地利	＋	＋[9]	＋[10]	－	＋	半代表	2
西班牙	＋	＋[11]	＋[12]	－	＋	半代表	2
瑞典	＋	－	－	－	＋	半代表	5
挪威	－	－	－	－	＋	半代表	6
盧森堡	＋	－	－	－	＋	半代表	3
芬蘭	＋	－	－	－	＋	半代表	1
冰島	＋	－[13]	－	－	＋	半代表	0
希臘	＋	＋	－	－	＋	半代表	0
葡萄牙	＋	－	－	－	＋	半代表	0
比利時	－	－	－	－	＋	代表	1
英國	－	－	－	－	＋	代表	1
德國	－	－	－	－	－	代表	0
荷蘭	－	－	－	－	－	代表	0

註 1：本表所列＋與－符號即代表有與無之分別。
註 2：一般任意性公民投票意指憲法規定，並至少實施一次。
註 3：特別任意性公民投票意指憲法規定，然並未實施；或憲法無規定，由國會或政府付諸施行。
註 4：公民投票次數為實施次數。
註 5：瑞士具憲法公民創制權。
註 6：列支敦士登具憲法與立法公民創制權。
註 7：義大利國會擁有非強制性訴願權限，故並非直接訴諸公民投票。
註 8：法國強制性憲法公民投票指憲法修正案經國會提出並經國會兩院通過。
註 9：奧地利唯有在憲法全部修正情況下，進行公民投票。
註 10：奧地利國會擁有非強制性訴願權限，故並非直接訴諸公民投票。
註 11：西班牙強制性憲法公民投票意指憲法全部與部分修正，若原修正案與憲法之基本原則相牴觸之時進行。
註 12：西班牙國會擁有非強制性之訴願權限，故並非直接訴諸公民投票。
註 13：冰島強制性憲法公民投票，意指憲法修正案改變路德教教義之時進行。
資料來源：Serge Zogg, Centre d'Etudes et de documentation sur la démocratie directe, 2006.

4

瑞士經驗

　　瑞士向來被公認爲實施直接民主之典範國，創制複決投票已形同是瑞士固有之傳統，其實施之寶貴經驗，值得我國未來在推行直接民主、公民投票之參考。作者以口述資料（La Belle Voisine, 2007），分別以瑞士固有之傳統、公民參與、瑞士對歐洲及世界之影響等問題，彙集整理出學者、專家及作者對直接民主之解析。

第一節
瑞士固有傳統

　　一、瑞士政治學者、國民議會議員兼歐洲諮詢委員會委員果斯（Andrea Gross）認爲瑞士實施直接式民主，得來不易。瑞士於 1792 年引進法國孔多塞侯爵（Marquis de Condorcet）直接式民主理論，開啓了瑞士日後實施直接式民主的先河，人民得直接參政，享有創制複決投票權。自傳統以來，瑞士即流行一句順口溜：「當人民對某項建議案說『不』時，並不代表他們反對該項建議，而只不過是仍未到說『贊成』的時候罷了。」果氏更進一步指出歐洲 48 國均受到瑞士倡導直接民主的影響，如今各國人們大致皆得享有個人生活自由與人權。未來，歐洲須超越傳統國界，大步向前，建立歐洲新憲法，完成大歐洲聯邦之主張。

　　二、瑞士創制複決研究機構（Initiatives & Referendum Institute Switzerland）祕書長布勒（Bühler）針對瑞士直接民主之實施提出如下看法：瑞士總共 23 州（20 州及 6 半州），各州均有各自憲法，而對瑞士的挑戰是，如何將各州利益結合起來，共同往前邁進。瑞士每年至少舉辦爲數 4 次以上之全國性投票，同時每州亦分別有 1 次至 15 次的地方性投票。公民經 5 萬人連署得發動一般法案創制投票，10 萬人連署得發動修憲案創制投票。投票結果須雙重過半數（投票人、州）之通過，方爲有效。對於民主政治言之，認識好與壞的民主制度甚爲重要，如果是壞的制度，自然

就無法運轉得好。壞的制度會產生人民放棄權力、政黨派系當道、上位者所制定之標準超過一切等。而瑞士民主制度須建立在人民選出國民議會議員及各州議員，同時聯邦議會主導行政，負行政之責。瑞士之民主力量建立在人民、專家、利益團體及政治人物的基礎上。布氏強調，瑞士實施直接民主，憑藉四大支柱：1. 以直接民主來彌補代表民主之不足，然而百分之九十的政策決定仍出自於國會；2. 公民干預具法定強制力；3. 不分全國或地方行政層級，公民均得干預；4. 公民干預地方性公共事務之能力強。

　　三、瑞士洛桑（Lausanne）地區之前市長暨社區工會代表布列拉茲（Brelaz）舉出瑞士直接民主源自 19 世紀，係爲解決政黨間之衝突而起，而當時之有識之士提倡主權屬人民所有，公民團體遂應運而生。爲抵制政治利益紛爭，公民團體自行爭取權力，鼓吹人民投票，因而開啟了創制複決投票之新紀元，公民投票變成了行使直接民主之工具。事實上，瑞士建立創制複決制度歷時漫長，起初實施人民投票時，利益者會因權力受損而排斥，然事實證明瑞士爾後經年的投票，造成了公民力量之崛起，社會形成愈趨成熟之局面。實行直接民主足以達成公民團體、利益團體、政黨間之政治力平衡，所有的意見不分彼此，均予以重視，並經商議過程形成最大之共識，此亦爲直接民主最大優點所在。

　　四、瑞士媒體創辦人兼新聞記者畢雷（Pilet）提出媒體對直接民主所應扮演的角色，渠認爲直接民主實施不易，並可能帶來負面的衝擊與影響，例如因繁複之時程限制，不易實施，及易產生反國會與民粹主義現象而導致癱瘓失敗，此時之媒體立場亟需公正，扮演如下匡正社會人心的角色：1. 傾聽民意，而非僅是傾聽有錢有勢之徒之意見；2. 爲民喉舌、立場公正，引導社會潛在性想法，向前邁進；3. 扮演於公民團體與政客間仲介與過濾之角色，建立公共議程之優先順序，避免刻意煽動之情事發生；4. 重要的是媒體需具多元性，並能獨立行使其角色，而不受掌權者或大財閥所駕馭；5. 媒體則須廣受群眾之批評，謹守職業倫理，爲直接民主伸張正義。

　　五、瑞法邊界法屬上薩瓦省（Haute-Savoie）歇內斯鎮（Chênex）前

鎮長杜瓦（Duval）針對歐內斯鎮與瑞士邊界鄉鎮在地方民主自治與管理方面做了分析比較。對瑞士言之，地方民主自治係公共財，社區成員自我管理的風氣甚爲普遍；然而，法國卻不同於瑞士，往往疏於社區自治管理，一旦社區發生事情，非得求助於當地警察機關不可。瑞士人熱衷於社區公共事務，而法國人卻不然；瑞士地方基層社區人民創制複決投票之實施甚爲頻繁，法國卻相距甚遠，主要因素是法國中央過度集權，地方政府權力受到限制，同時，法國地方公共事務大都由地方議會所決定。近十餘年來，由於深受瑞士實施直接民主之影響，鄰近瑞士日內瓦城市的法屬鄉鎮自成一格，取法於日內瓦地方民主自治與管理模式，主透過法—瑞日內瓦區域委員會（France-Geneva Regional Committee）的設置及所帶來之效應，開始積極推動「商議式」跨邊界社區民主與地方創制複決投票之實施，以增進法瑞邊界社區型合作之關係，推展至今，成效卓著。

第二節
公民參與

　　一、瑞士政治學者、國民議會議員兼歐洲諮詢委員會委員果斯指出：實施直接民主所面對的難題，即在於一般公民對公共事務並不感興趣，然而，民主的品質首在於公民的積極參與爲要。套用盧梭所提出之直接民主論點來看歐洲的情況，盧氏認爲政治實體的版圖愈大，愈需要直接民主，但是歐洲的直接民主發展至今，只有少數做到直接民主的國家得利，換言之，直接民主尚未於全歐洲普遍施行。唯有等到歐洲融入 48 個國家的一天，屆時大歐洲時代的到來將涵蓋所有國家近 6 億的人口，要知道歐洲議會最多只能容納約 700 名議員，這些議員要如何分別各自代表 90 萬人口呢？如瑞士、美加州所推行的直接民主模式，各有所不同，對於歐洲模式要如何定出呢？1. 兼顧個人權力與團體權力；2. 資訊廣爲流通，以求增進

團體決策之智慧；3. 強化對歐洲之認同感，而非僅只於對國家間之愛國心而已。另外，在制定創制複決投票規範時，須確立如下原則：1. 不要設定難以達成之連署與投票數門檻；2. 盡量激化民意，及促使相對立團體趨向於合作；3. 明定創制複決投票種類，如全國性、地方性、區域性或全歐性等；4. 推動創制複決投票須符合既定之未來目標，須明瞭投票結果是屬於政治性之效益，而非是數學公式之效益。

二、瑞士私立選舉與投票研究機構主任隆享（Lonchamp）發表瑞士直接民主論點，他指出瑞士民主已漸趨成熟，儘管很多人對公民投票不支持，並給予嚴厲之批判，然事實證明瑞士公民投票發展的甚爲順暢。瑞士直接民主有許多優點，它使得公民團體與各政黨能針對公共事務相互討論，同時，爲避免不斷地投票，政府與反對黨亦願意針對共同利益相互磋商。公民投票得分強制性、任意性或決議式（通常在緊急情況時）。直至1990 年代，右派雖贏得了多數票之優勢，然投票發展至今，並未成爲某特定政黨賴以爲繫之奪權工具，要知道投票之經常舉辦造就了共識主義，蓋建議案之通過大都能搏取大眾之認同（唯有百分之七的國會決定受到質疑與不信任）。瑞士提倡直接民主，此並不意味政府向中間靠攏，而是以「共識型」來管理眾人之事，此即爲實施直接民主之特點。

三、瑞士洛桑前市長暨社區工會代表布列拉茲提出瑞士洛桑捷運興建計畫，如資金募集、路線圖、共同通行網絡等問題，錯綜複雜，適合透過直接民主程序結合專家、政治人物及一般公民共同參與，並開放以公民投票方式做成民主決定。

四、法國巴黎第十一大學法學名教授艾蒙（Hamon）舉法國投票經驗爲例，強調法國歷來的投票皆由上位者所發動，不符合眞正的公民投票精神，應參酌瑞士投票之經驗，由公民團體自行發動投票。溯自 1793 年，法國曾舉行全世界第一次憲法人民投票，但經投票通過的憲法卻從未頒布，以此解釋，公民投票會受權力所操控，成爲一種雙面刃工具。法國近年來所完成的兩次複決投票，被認爲是「共識決」的其實只有一次：即 2000 年所通過的五年總統任期投票；而另一次 2005 年因歐洲憲法草案

而複決的投票，投票結果否決了該草案，是一個失敗的案例，故不能被認爲是「共識決」。從此一失敗的案例，可從中檢討如何改變投票情況？使得投票人能務實地針對問題回答，而非反用提問的方式！艾氏認爲法國憲法第 11 條需要修改，除了總統有權發動複決投票外，國會議員、公民團體亦得以發動，尤其是有必要檢討：1. 國會反對黨擁有發動複決投票權；2. 亟需建立公民創制投票制度。如此，法國的複決投票權不再只是總統所專屬的特別權力，成爲眾所詬病的「集體盲思投票」（plebiscite），同時，亦須留意切勿剝奪總統、國會法定的權力，而使投票淪爲「民粹」（populism）。創制複決投票之建立，將可化解人民與政府因對立使群眾在街頭示威抗議之危機。此一政治計畫須獲致公民團體、政黨，及職業團體等共同支持合力完成。至今，法國政治人物較喜好深受孟德斯鳩思想（Montesquieu）影響之北歐英式代議制，及位於大西洋西岸深受托克維爾（Tocqueville）思想影響之美式總統制，艾蒙認爲法國如需建立公民創制投票制度，則應改弦更張，向歐洲以東之瑞士、義大利及德國等國家看齊。

第三節
瑞士對歐洲及世界之影響

一、瑞士創制複決投票對歐洲及世界之影響甚大，如現行歐洲、美國各州，及南美洲烏拉圭等國家創制權之建立均取法於瑞士。現歐洲公民創制案推動者勃格（Berg）提出歐洲公民創制案須具備何種政治基礎。勃氏積極於布魯塞爾推動歐洲公民創制案，雖然歐洲已有 12 國擁有公民創制制度，但似乎仍不夠普及。現行歐洲法規定：歐洲公民創制案的提出，須擁有於歐洲至少 5 個國家 100 萬人共同連署，方爲有效。歐洲公民創制案須得到歐洲聯盟機構官方的支持，並給予經費補助（如償還選戰費用）、

及後援（如文件翻譯、法律諮詢、設立網站等）。至目前已將近有爲數五十餘歐洲公民創制案件之提出（如反核能、基因改造、優質公共服務等）。

　　二、「瑞士直接民主研究中心」（Centre for Research on Direct Democracy Switzerland）副主任瑟杜勒（Serdült）以網路民主爲例，提出看法。渠認爲科技已對政治或社會生活帶來了重要影響，網路民主無遠弗界，對直接民主造成極大的挑戰。然而，電子治理並不符合直接民主原則，因電子技術未經由審議方式而完成，故須加重透明化俾保證科技能眞正地與民主結合，達成政治人物與公民間權力的分享。「瑞士直接民主研究中心」致力於進行國家間之比較研究，研究國家文化與當地立法之特定性，並提倡直接民主做爲推動的目標。爲達成此目標，此中心透過合作已完成多網站的建置，提供一般公民政治諮詢。

　　三、日內瓦國家司法部助理秘書瑟瓦利耶（Chevalier）認爲瑞士電子投票的經驗可供參考。渠特別強調電子投票可增加近百分之二十之投票率，通常投票以三週爲期，首先寄給選舉人一張密碼卡，爲避免舞弊之風險，解讀投票人身分密碼之鑰匙爲非政府部門之投票特別委員會所擁有，同時，如遇操作錯誤，隨時得尋求技術援助。此外，投票後爲求公正可給予較長時間審核。沒有一種投票制度是完美的，電子投票之優點雖然超過了缺點，但仍須取決於是否眞確保所帶來之投票便利與安全。

　　四、瑞士聯邦司法部政治法規處主任威利（Willi）提出對直接民主之研究成果，特別指出直接民主之由來久遠，溯自歐洲中世紀大愛斯卡爾通（Grand Escarton Briançonnais）之共同社區（1300-1400 年），位於現今瑞士西南部，之後再發展至瑞士全境，及德漢堡至丹麥間地區。全世界將近 132 國之創制複決規定均入憲，得分成六大系統：1. 法國投票系統：複決投票之發動權向來爲總統所專屬（如法國、俄羅斯、前法屬非洲殖民地）；2. 英國投票系統：如前英屬殖民地、大英國協（Commonwealth）；3. 丹麥、愛爾蘭、瑞典投票系統：接近法國系統，然其國會少數卻擁有發動公民投票權；4. 南美國家投票系統：憲法雖有創制複決條文規定，然過

於繁複且混雜；5. 義大利投票系統：須達至連署規定門檻，惟涉及刑法、國際條約及大赦等禁止投票。投票通過須達選舉人過半數門檻規定，較難施行，出席投票率日趨衰退；6. 瑞士投票系統：如瑞士、烏拉圭、澳洲、列支敦士登等。投票須雙重多數通過（投票人、州）。須謹慎施行以防止如密克羅尼西亞投票造成混亂的局面。各系統出自原創，自成一格，相互調適，無需抄襲。

　　五、瑞士政治學者、國民議會議員兼歐洲諮詢委員會委員果斯以歐洲民主做結論，他認為歐洲民主史甚為複雜，雖然法國孔多塞直接民主理論建立了歐洲民主之基礎，然而卻是瑞士於 1874 年首先引進公民創制制度，對歐洲開啓了示範性深遠之影響，如法國前總理布隆（Léon Blum）曾擔任國際勞工法國分會（SFIO）領導人，後創立了法國社會黨，於 1936 年即主張起草歐洲聯邦憲法。儘管法國人民於 2005 年以複決投票否決了歐洲憲法草案，歐洲直接民主之重建仍然是可能的。其實，與其以憲法草案對人民徵詢，還不如在徵詢前開放辯論，讓輿論深植人心來得有效，還記得法國前經濟部長、歐盟執委會主席戴洛（Jacques Delors）曾於法國馬斯垂克（Maastricht）複決投票時聲嘶力竭強調「停止結合歐洲國家，須結合歐洲人」之主張。此番主張開闢了第三種聲音，使得歐洲往社會主義邁進，取代了過去共產極權及新自由主義之道路。歐洲未來願景非常簡單，個人與團體將是明日之星，不再遭受剝奪壓迫，民主即民主，不需要再加上形容詞，此等如「直接的」、「參與的」、「審議的」，不適合再加註於民主本身之上。歐洲必須發展公民創制投票，捍衛人道國家，而非只是經濟獨占一切。長期以來，人們對直接民主有著錯誤的想法，認為直接民主是政治問題的麻煩製造者，這是不正確的觀念，事實上，直接民主是解決政治問題的關鍵方法。

第四節
瑞士直接民主解析

一、瑞士直接民主好比汽車性能

瑞士直接民主可與汽車行駛時之性能比擬，用下表 4-1 說明之。

表 4-1 瑞士直接民主與汽車性能

汽車行駛性能	創制複決使用工具	責任歸屬
駕駛方向盤	對法案之建議	政府、國會、公民團體
油門器	人民創制、建設性複決投票	公民團體
煞車器	複決投票	公民團體
變速器	全民投票	所有公民

二、瑞士直接民主經驗之分享

直接民主係瑞士國家發展所欲建立之目標，對政治社會的發展影響甚鉅，瑞士公民透過創制複決投票積極參與政策決定，引起世人莫大注意。其實，瑞士直接民主制度並非完美，因投票所需耗費之成本代價甚為昂貴，然其所展現出之特殊性、獨特性，對歐洲及全世界言之，實讓人稱羨。

三、瑞士民主制度並非完美

綜觀瑞士民主體制，似仍以代表民主為主，直接民主為輔，而能提供公民團體有機會進行干預政治決定過程，以直接民主彌補代表民主之不

足。公民創制與公民複決成為兩種行使直接民主之主要工具，得允許公民
團體自訂政治計畫建議案，並得針對政府或國會所做的決定，提出疑義，
復經人民投票表決。瑞士一般公民針對政府或國會所做出的計畫草案每年
至少得以投票 4 次，給予最後關鍵之贊成或反對決定。

四、公民參與政治之正當性

　　瑞士進行創制複決投票前須先經數月對議題之辯論期：如以日內瓦來
說，辯論期間陸續舉辦公共論壇，邀請公民團體表達意見；媒體記者撰文
表明立場；廣播電視台舉辦現場政論節目，進行辯論，以激發不同意見；
公共場所現場新聞採訪，提供多元、多角度之意見與聲音；張貼海報、廣
發說帖，藉以主導輿論等；尤其，政治人物積極展開與公民團體的對話，
並欲影響所支持之選民。創制複決投票得以反應多元意見，最後投票的結
果以多數票為勝。大體上，在投票時，政府及國會立場均受到百分之九十
高度之支持，政治人物競相扮演超脫於自身狹隘之民意代表立場，努力主
導並塑造前瞻性之「共識型」社會想法，往往深受選民之認同與支持。

五、務實政治

　　經由公民團體之干預，使得瑞士政府所推出的各項政策更趨向於務
實，貼近人民所需，所形成之政治系統得以匯集民意，成為與市民利益相
結合之政治網絡。一般公民對各行政層級（全國性、地方性、各州）之公
共事務，均得直接干預，使得政治人物須聽信於民，受制於人民所好，如
需耗費鉅資之大型市政建設計畫，如因欠缺其實用性，將得不到人民的支
持，同樣地，相關之環保、財政、社會政策等均須顧及實用性與人民所
好。一旦相關之政策為人民所接受，方得展現其正當性，如瑞士一直要到
2002 年才加入聯合國，成為當時第 190 個會員國，雖加入時間甚晚，然
而卻是第一個以全民投票完成加入聯合國的國家。瑞士直接民主如一面鏡

子，形同是對其社會整體之直接反射，與其說直接民主是務實政治，倒不如說瑞士整個社會關係之建立，係採以務實政治爲基礎。

六、法國與瑞士之比較

如與瑞士比較，法國則屬於由總統強勢領導的典型中央集權國家，與世界上所有實施代議制的國家一樣，人民唯有在選舉時刻方有意見表達之機會。對於法國的公民投票來說，只有複決投票，無創制投票，而複決投票唯獨總統有權發動創制並交付人民諮詢（雖經 2008 年修憲，公民複決亦得透過五分之一國會議員，經十分之一合法登記之選民支持下發動公民複決，然至今尚未依此新規定實施複決投票），如此，在複決投票時似未能眞正反映投票者意見，而淪爲「集體盲思投票」，而造成人民對政治制度之不信任與反感，更何況法國複決投票不夠普遍，一旦發動投票，往往遭受質疑，是否又是受上位者運用權力操控投票之嫌。當一般公民無參政的機會，只有遠離政治系統核心，另尋其他管道表達，而通常的管道是政治系統外之街頭示威抗議！幸好，法國受瑞士直接民主之影響，近年來法國政府開始推動「公民參與委員會」，提供公民參與的一個新機會，透過城區會議與城區預算，交由當地公民決定，或經由公民論壇與政治人物共同進行討論。透過這些參與方式，一般公民雖得以參與政事，然只能充其量仍算是個配角，因爲眞正決策制定者仍舊掌握於權力者手上，此情況即是法國與瑞士最大不同之處。究其實，直接民主最早的概念並非起源於瑞士，卻是出自法國大革命時期孔多塞（Marquis de Condorcet）與拜恩（Thomas Paine）之直接民主理論，並進一步於 1793 年完成直接民主憲法之制定；爾後直接民主引進至瑞士，成爲建構瑞士政治系統之動力來源，並進一步發揚光大。然而，瑞士直接民主並非完美，只是較其他民主系統完善些，由於瑞士經年實施直接民主、創制複決投票，使得一般公民得以積極參與政策決定，他們對公共事務嫻熟而專業，並能駕馭政治菁英爲民服務。瑞士直接民主實施之經驗，實值法國及全世界國家學習。

第五節
瑞士核電廠投票案例

　　瑞士 1990 年以公民投票通過 10 年間停建核能電廠，後又於 1998 年通過 2014 年前廢除核能電廠。然而，瑞士 2000 年因二氧化碳新規定，又重新認定核電之重要，遂於 2003 年通過反對放棄核能電廠。2007 年瑞士政府並宣布新的能源政策，其中包括新建核能機組以提供做為基載電力。依據世界能源協會（World Nuclear Association）資料顯示，2009 年瑞士已提出計畫興建三部核能機組，容量約為 400 萬瓩。2011 年 3 月 11 日因日本福島核災後，瑞士國會於 2011 年 9 月 28 日表決通過逐步廢核提案，宣示至 2034 年全面放棄核電。瑞士政府決定不再建造新的反應爐，而原本的五座將陸續服役到 2034 年為止。

　　總之，瑞士核能案或重大工程開發案，先交由州政府統籌規劃，再經聯邦議會及基層鄉鎮共同認定，重要的是相關大案大都透過公民參與之商議（consultation）方式投票決定。

第六節
他山之石，可以攻錯

　　以瑞士經驗提出建議，特針對瑞士全國性與地方性公民投票適用範圍、公民投票適用與排除事項、憲法修正案創制複決相關配套、公民投票審查及監督機關、公民投票門檻之規定等，提出建議，以提供我國政府及民間團體於推行公民投票之參考。

一、瑞士創制複決

1. 瑞士聯邦國施行創制複決投票已有數百年歷史，現今瑞士被世界公認為直接民主典範國，政府施政效率高並取信於民，足見創制複決投票並未喪失政府威信或因此減弱國會代議的功能。

2. 瑞士是由邦聯 23 州（Cantons）及多語區（德法義及羅曼語區）不同族群所組成的國家，其實容易產生如比利時（荷法語區）之族群對立與社會分裂，然事實證明瑞士實施創制複決投票反形成族群和睦之關係，並未造成社會分裂。

3. 瑞士創制複決投票施行標的廣泛，從憲法之修改、法令之制定、對外條約之批准，及與一般大眾生活有關之公共政策等皆可投票。由於實施頻繁，導致政府與國會在決策及立法程序上更加謹慎而完備，更使得公民投票具有鞭策督促之功能。

4. 瑞士創制複決投票議題繁多，無適用與排除事項限制，諸如聯邦稅捐、外來人歸化、賭博事業、猶太人平等權、老人年金等，皆是國會議員較不願意碰觸的問題，唯有透過公民投票來決定。但從公民創制案不易通過之事實來看，少數極端主義之徒甚難利用公民創制投票來達成其政治目的。

5. 瑞士創制複決投票得以減少選民對投票之冷漠及疏離感，瑞士一般選舉投票率在民主國家屬偏低，只有百分之四十至四十五之情況，然公民投票近年來透過電子投票得以增加投票率高達百分之二十之多，足見有愈來愈受新興年青族群所青睞之趨勢。

6. 瑞士政黨勢力通常受制於公民團體力量，對於投票，政黨並未形成重要之推動力，反而是利益團體較有運作空間，利益團體往往透過遊說（lobbyism）取得特殊利益，但公民投票具監督國會立法程序之功能，得使特殊利益團體較不易得逞。

7. 瑞士公共政策投票命題有愈來愈趨於口語化之傾向，投票命題艱澀難懂，往往造成投票結果難以通過之情況；反之，投票命題愈清楚明白，投票愈易通過。

二、借鏡

取法於瑞士,我國亟需訂立完善之創制複決投票規範,使一般公民得以參與決策及公共事務。建議意見如下:

(一)修改憲法,明定創制複決投票規範,政府率先以施行「直接民主」為施政目標

我國雖已有「公民投票法」,然只是法律規範,屬立法層次,仍未如瑞士係憲法規範,屬憲法層次。我國應進行憲法再造,將創制複決投票規範入憲。政府施政尤應率先倡導直接民主,並教導、訓練人民如何行使創制複決權,俾助國人增進公民權利意識,最後達成共識。

(二)擴大創制複決投票之適用範圍

我國現行「公民投票法」之適用範圍似應重新檢討,故建議除應明定創制複決投票適用範圍外,如全國性、地方性、區域性等,許多直接攸關人民權益之事項,均須予適用,無所謂排除事項之限制。尤其,與外國及大陸所簽訂之條約或協議,更應成為公民投票之標的。未來如涉及人民重大權益或國家重大政策之條約或協議,應強制要求須經公民複決投票通過,方得生效。

(三)由司法法院作為公民投票審查監督機關

行政機關應保持中立,不宜審議公民連署提案,蓋公民參政之機能恐有破壞之虞,應改為司法法院作為專業審查與監督之機關。

5

全國性公民投票經驗

第一節
全國性公民投票法定依據

　　許多歐洲國家，針對現代民主發展之趨勢與國家制度之變革等因素，皆設置公民投票制度。參考歐洲公民投票的案例發現，全國性公民投票制度以瑞士、法國、義大利及俄羅斯等國較具代表性，分別比較如下。

一、瑞士方面

　　瑞士公民投票制度可分為：強制性公民投票、任意性公民投票及行使公民創制權三大類型（Zogg, 1996: 54）。

（一）強制性公民投票

　　自 1848 年起瑞士建立聯邦制後即開始實施。瑞士 1874 年聯邦憲法規定，強制性公民投票主要針對制憲與修憲、緊急性之聯邦行政命令與憲法相牴觸之部分，及瑞士加入多國集體安全組織與共同體等三方面行使。

　　1.制憲與修憲：聯邦憲法得全部或部分修正（瑞士憲法第 118 條之規定）。

　　2.緊急性之聯邦行政命令與憲法相牴觸之部分：聯邦行政命令倘以緊急之事由立即生效實施，但卻與憲法相牴觸者，應於該命令通過後一年內交由人民及各州公民投票複決。倘該命令未經複決通過，則該命令立即失效且不得再重新提出（瑞士憲法第 89 條之 1 第 3 項規定）。

　　3.加入多國集體安全組織與共同體：瑞士曾於 1977 年經以修憲公民投票增修憲法第 89 條第 5 項，其中規定：加入多國集體安全組織與超國家共同體須經人民及各州公民投票複決。

　　瑞士曾於 1986 年 3 月全國人民公民投票否決加入聯合國，同為 1992 年

12 月否決加入歐洲經濟區（Espace économique européen, EEE）（謝富生、張台麟，1997：69）。但最後，瑞士於 2002 年 9 月正式以全國性公民投票加入聯合國。

強制性公民投票，特別強調上述相關法案事先須徵得「主權者」（souverain）之同意，否則無法生效。所謂「主權者」係以憲法的層次說明人民主權的概念，即代表全國人民與各州；若以立法的層次來說明，「主權者」只單獨代表所有人民。瑞士為實施聯邦制的國家，聯邦由 26 州所組成，享有高度之自治權。聯邦主義特別要求強制性公民投票須達到瑞士選民與各州雙重之多數為法定之標準。在每一州人民投票的結果同樣係以各州之選票來計算，各州過半數之法定標準為 13 個州，此為保護各州之權益，以免聯邦權力過度擴張。

（二）任意性公民投票

任意性公民投票係屬立法性質之公民投票，包括聯邦的法令，及國際條約等為主。

1. 瑞士 1874 年憲法規定任意性公民投票，得以透過 5 萬人數之公民或 8 個州針對聯邦議會通過之法案（聯邦法律）及一般行政命令，提出公民投票請求（瑞士憲法第 89 條第 2 項）。

2. 同時，5 萬人數之公民或者 8 個州得以緊急之名而立即實施之一般性行政命令要求予以公民投票，若未獲公民投票同意，則該行政命令於國會通過後一年內自動失效，且不得再重新提出（瑞士憲法第 89 條之 1 第 2 項之規定）。此項規定主要為限制行政或立法部門濫用緊急名義推行政策，以規避人民的監督。

根據瑞士憲法，任意性公民投票之申請，需動用 5 萬人數的公民連署，必須在國會做出公民投票決定並張貼公告後三個月內提出。公民投票具有對法案暫時中止的效力，換言之，訴諸人民公決的法案，只有到公民投票法定程序完成後才具有生效或廢止之效力。

（三）行使公民創制權

　　1891 年瑞士聯邦憲法特別增訂公民創制權條文。依瑞士憲法之規定，公民創制權得以透過選民特針對修憲提出建議（瑞士憲法第 121 條）。同時，提出公民創制權提案者必須於十八個月之期限，獲致 10 萬選民之連署書後方有權展開公民投票作業。公民創制權之行使在於對憲法之修正，是屬於強制性之公民投票範圍。依瑞士憲法第 120 條之規定，10 萬選民亦可以請求對憲法全部修正訴諸公民投票。如果多數票數接受憲法全部修正原則，國會兩院將重新改選。新的國會產生後須制定新憲法草案，該草案須採以強制性公民投票複決，而投票結果，如得到過半數票數與過半數州之支持，新的憲法於是正式生效。

　　由上述可知，瑞士人民對修憲與制憲方面可行使公民創制權外，在公共政策議題方面，則無此規定。由於瑞士聯邦憲法對聯邦政府的權限與範圍規定得非常詳細（交通設施、通訊、兵役、社會安全、住宅，財稅徵收等），因而，瑞士人民時常以行使修憲創制權來解決國家重大問題與公共政策議題。例如：1987 年 4 月之是否取消國防預算案、1989 年 11 月之是否取消國家軍隊案、1990 年 9 月之是否停止使用核能案、1993 年 6 月之是否不再採購新型戰機案等，皆以修憲創制案的方式提出（謝富生、張台麟，1997：70）。

二、法國方面

　　法國公民投票制度之法定依據，主要係根據法國憲法及相關法令之規定。列舉如下（參考法國憲法、組織法，及相關法令之國會紀錄：Les pouvoirs publics, Textes essentiels, Assemblée Nationale et Sénat, Paris, La Documentation Française, Paris, 2002）：

（一）公民投票符合國家主權之正當行使，並爲人民意志之最高表現

如同法國於 1958 年 10 月 4 日制定第五共和憲法，該憲法第一章有關主權之第 3 條特別強調「法國國家之主權屬於人民，經由其代表及藉由公民投票方式行使之，任何部分之人民及個人均不得擅自行使此一主權」。

（二）法國公民投票在限定程序與實施範圍方面之憲法依據

依法國 1958 年第五共和憲法第 11 條之規定，該條文特設定公民投票程序與實施範圍：「法國總統得依政府在國會會期中之提議，或國會兩院所提而刊載於政府公報之聯合建議，將任何有關公權力組織、國家社經政策與政府改革、國協協定之認可，或未牴觸憲法但可影響現行制度運作之國際條約批准法案，提交公民投票。當公民投票由政府所提議時，政府需至國會兩院進行府會辯論，並發表政策聲明。公民投票結果採納該法案時，總統應於宣告公民投票結果十五日後公布之」（劉嘉寧，1990：232）。

（三）法國憲法委員會監督公民投票實施相關之作業程序

依法國第五共和憲法第 60 條之規定：「法國憲法委員會監督公民投票之實施作業，並宣布其結果。」

另法國 1958 年 11 月 7 日第 58-1067 號政府組織法第 46 至 51 條亦提出相關規定：第 46 條：「政府授權憲法委員會監督公民投票實施作業之程序。」第 47 條：「憲法委員會監督政府實施公民投票作業之細則。」

（四）公民投票實施期間之爭議

法國 1988 年 10 月 5 日憲法委員會公布之第 1 條至第 3 條章程規定：

第 1 條：「選舉人有權對選舉之合法性提出爭議，並就投票作業程序之缺失以書面提出抗議。抗議書經由人口普查委員會送交憲法委員會。」第 2 條：「在法國各縣市、海外屬地及具特殊地位大行政區之中央級代表，在投票結束後四十八小時內，迅將選區投票爭議案件提交憲法委員會審理。」第 3 條：「非居住於法國本土之法國人民，遇有投票爭議案件，由法國外交部代表國家行使權力。」

（五）在修憲方面

　　法國 1958 年第五共和憲法第 89 條規定：「憲法之修政，由總統依總理之提議提出，或由國會議員提出。憲法修正草案或憲法修正提案應經國會兩院以相同之文字表決通過。憲法之修改經公民投票同意後，始告確定。惟倘總統決定將憲法修正草案提交國會兩院聯席會議表決，則此憲法修正草案勿須提交公民投票；在此情形，此憲法修正草案須獲聯席會議五分之三之多數有效票贊成，始得通過。聯席會議之秘書處由國民議會秘書處擔任之。國家領土之完整瀕臨危害時，不得著手或繼續憲法修改之程序。共和之政體，不得成為憲法修改之議題」（同前揭書，1990：246）。

（六）在新卡里多尼亞島自決方面

　　法國 1958 年第五共和憲法第十三章有關新卡里多尼亞（Nouvelle-Calédonie）島自決第 76 條與第 77 條規定，第 76 條：「新卡里多尼亞島人民在 1998 年 12 月 31 日前依據 1998 年 5 月 5 日於努美亞（Nouméa）所簽訂之協議，並經於 1998 年 5 月 27 日刊載於法國政府公報，提出自決。選舉人資格須符合 1988 年 11 月 9 日第 88-1028 號法律第 2 條之規定。實施投票之必要措施需經法國部長會議審議後，由行政法院頒布之法令辦理。」第 77 條：「依照法國第五共和憲法第 76 條新卡里多尼亞島自決原則，新卡里多尼亞島因自決後國家權限轉移，公民投票程序之實施，受法

國憲法委員會之監督。」

（七）法國經公民投票通過的法律

請參考表 5-1 如下。

表 5-1　法國經公民投票通過的法律

公民投票日期	標的（法律條文）	結　果	
		贊　成	反　對
1958 年 9 月 28 日	1958 年 10 月 4 日憲法 [1]	31,066,502	5,419,749
1961 年 1 月 8 日	1961 年 1 月 14 日第 61-44 號有關阿爾及利亞人民自決及自決之前政府組織條例 [2]	17,477,669	5,817,775
1962 年 4 月 8 日	1962 年 4 月 13 日第 62-421 號法國政府 1962 年 3 月 19 日發表有關阿爾及利亞協議及採取措施聲明之條例 [2]	17,866,423	1,809,074
1962 年 10 月 28 日	1962 年 11 月 6 日第 62-1292 號法國總統直選條例 [2]	13,150,516	7,974,538
1972 年 4 月 23 日	1972 年 5 月 3 日第 72-339 號對准許丹麥、愛爾蘭、挪威、英國、北愛爾蘭 1972 年 1 月 22 日於布魯塞爾簽訂之加入歐洲經濟共同體與歐洲原子能共同體之條約認可 [2]	10,847,554	5,030,934
1988 年 11 月 6 日	1988 年 11 月 9 日第 88-1028 號新卡里多尼自決之相關法定條例 [2]	9,896,498	2,474,548
1992 年 9 月 20 日	1992 年 9 月 24 日第 92-1017 號對准許歐洲聯盟之條約認可 [2]	13,162,992	12,623,582
2000 年 9 月 24 日	2000 年 10 月 2 日第 2000-964 號有關總統任期之條例 [3]	7,407,697	2,710,651

註 1：1958 年 6 月 3 日憲法性法律經公民投票實施。
註 2：符合 1958 年 10 月 4 日憲法第 11 條之規定。
註 3：符合 1958 年 10 月 4 日憲法第 89 條之規定。
資料來源：法國憲法、組織法、及相關法令之國會記錄（Les pouvoirs publics, Textes essentiels, 8e édition, La Documentation francaise, Paris, 2002, p. II-47.）。

（八）相關憲法問題分析

依法國 1958 年第五共和憲法之規定，憲法第 3 條有關公民投票方面，公民投票成為法國國家主權（souveraineté nationale）行使主要之方式。然而，第 3 條之缺失在於該條文並未詳細的規範公民投票直接付諸實施之規定，亦未清楚的限定公民投票的範圍，以及應具備相關法定之程序等。

以全國性層次而言，法國公民投票可以透過憲法第 89 條與第 11 條之規定付諸實施。

法國憲法第 89 條為憲法修正條文。依照該條文所規定之程序而言，公民投票只具備確認的角色，換言之，該公民投票只針對國會兩院以相同之文字提出已表決通過的法案罷了。此外，下述之規定亦不過是在形式上文字轉換之方式而已：當法國總統決定將國會兩院各自通過之憲法修正草案再度提交國會兩院聯席會議表決，則此憲法修正草案勿須提交公民投票。在實際施行之層面上，儘管法國憲法依據第 89 條之規定業經修正多次，但這些修正均透過國會兩院聯席會議表決之方式進行，從未透過公民投票之方式來實施。直至 2000 年 9 月 24 日，法國第一次經總統席哈克發動的修憲（修改總統為 5 年任期）公民投票才算真正實施。

至於法國憲法第 11 條規定：法國總統得依政府在國會會期中之提議，或國會兩院所提之聯合建議做成法案提交公民投票。在此值得一提的是，法國自 1958 年起按照憲法第 11 條之規定，總共實施了九次公民投票皆由政府提議，主要是法國總統自己提出公民投票建議，並經行政部門執行，實施後由總統公告。如上所述，法國憲法第 11 條雖定有公民投票之主題範圍及相關實施之法定程序等，但在公民投票實際實施的層面上，該條文仍帶有高度的爭議性（Capitant, 1972: 161）。

1995 年 8 月 4 日經由法國總統席哈克簽字頒布憲法增修條文，該條文明顯加大了憲法第 11 條所規定之公民投票範圍。此外，該條文規定經由政府所提議之公民投票，必須先經國會辯論後而非經過投票，由政府向國會兩院當面提出公開宣告。然而若政府之提議遭到議會提出不信任案，則

須在議會經過投票表決（Hamon, 1997: 16）。

三、義大利方面

依義大利憲法之規定，義大利公民投票制度分成憲法與立法兩種層次（Gaudillère, 1994: 42-45）：

（一）憲法公民投票

憲法公民投票係依義大利憲法第 138 條之規定，同時義大利並於 1970 年 5 月 25 日增訂「公民投票法」，藉以進一步對公民投票問題加以規範。

若屬於憲法性之法律以過半數於國會兩院通過，而非以三分之二絕大多數投票通過，此時可以在國會公告開會決議之三個月期限內提出公民投票的要求。提出公民投票之特定對象為國會議員人數之五分之一，或五個地方級議會，或具有 50 萬人數之選民。50 萬選民之連署完成後，必須製作連署書並送交義大利最高法院，同時接受審查方面之作業，例如：在連署書上不能重複簽名，簽名之真實性核對等。

另一方面，義大利憲法法院並不干預審查作業。在選民連署書送交最高法院後三十日之內，完成審查作業，最高法院並以中央司法名義將審查結果送回政府相關部門。

義大利總統於兩個月後，以部長會議法令設定公民投票實施的日期，通常於部長會議法令公告後之五十至七十日內舉行。公民投票結果對於相關之法律需要頒布之時，依規定必須達到過半數之選票才符合頒布之規定，但義大利並未實施過憲法公民投票。

（二）立法公民投票

立法公民投票係依義大利憲法第 75 條之規定。立法公民投票得以使義大利人民廢除國會所投票通過之法律。義大利實施立法公民投票直至1970 年 5 月 25 日「公民投票法」通過後才正式確立。對於立法公民投票實施的過程可區分兩個時期：

1.自 1974 至 1987 年，提出立法公民投票對象大都為義大利的非執政黨，但公民投票獲得通過的次數並不多。

2.自 1987 年起，立法公民投票大都由義大利執政黨所提議，當時的執政黨，所提出對法律廢止之建議卻獲得人民高度的支持，並獲絕對多數的得票率（例義大利選舉制度根本改革等）。自此，廢除有關國會法律之立法公民投票實施的次數，開始有增多的趨勢。

四、俄羅斯方面

依俄羅斯聯邦 1995 年 10 月 10 日聯邦憲法之規定（Hamon, 1997: 32-33）：

（一）公民投票制度

俄羅斯聯邦的公民投票屬於人民針對法案、法令及國家重要的問題進行集體式的投票。該公民投票如同自由選舉一般，具備人民最高權力的表現。

有關公民投票的訴求，相關議題及舉辦等方面均由選舉委員會、俄羅斯聯邦公民投票主辦委員會、政府部門及地方自治單位公開進行審理（俄羅斯聯邦憲法第 1 條）。

（二）投票權

具俄羅斯聯邦之公民身分，至公民投票舉辦日已年滿十八歲者，有權參加投票（俄羅斯聯邦憲法第 2 條）。

（三）公民投票議題限制

俄羅斯聯邦須以強制性公民投票通過新憲法，但在通過前以憲法會議決定新憲法草案是否付諸全國性公民投票。依俄羅斯聯邦憲法之規定，以下議題，禁止交付公民投票：

1. 俄羅斯聯邦體制之修改。
2. 俄羅斯聯邦總統、議會、國家議會（Douma）相關任期延長與改選。
3. 聯邦預算、財政與相關債券的修正及通過。
4. 聯邦稅捐以及相關款項支出、修正及廢除等。
5. 為確保人民健康與安全的特別或緊急措施之通過。
6. 大赦與特赦案。

俄羅斯聯邦限制設置為壓制個人、公民與生俱來自由與權利之公民投票議題，因個人、公民自由與權利舉世皆重視，須透過憲法之規定加以保障（俄羅斯聯邦憲法第 3 條）。

（四）禁止實施公民投票情況

當俄羅斯實施戒嚴或處於緊急情況之時，公民投票必須禁止。此外，在戒嚴或緊急情況結束後三個月內仍需禁止（俄羅斯聯邦憲法第 4 條）。

（五）發起公民投票

俄羅斯聯邦公民投票之發起條件：

1. 須由 200 萬具選舉資格的俄羅斯聯邦公民發起。

2. 須由憲法會議發起（俄羅斯聯邦憲法第 135 條第 3 項之規定）。

（六）公民投票決定程序

公民投票實施的決定權在俄羅斯聯邦的總統。當政府接獲公民投票相關請求案件十日之後，總統向憲法法院提出舉辦公民投票之申請，憲法法院於一個月期限內展開審查，如符合憲法的規定，憲法法院隨即提出公告。

當憲法法院證實總統決定符合憲法之規定，則總統必須於十五日內下達舉辦公民投票的決定。然若憲法法院所做出的審查結果並未符合憲法的規定，則所有的法定程序必須中止。

俄羅斯聯邦總統特以法令決定公民投票之實施，並確定實施日期，而實施日期通常於相關法令公布後之二至三個月期限，亦不限例假日。俄羅斯聯邦總統、聯邦議會、地方自治議會等之相關選舉不能與公民投票同時舉行（俄羅斯聯邦憲法第 12 條）。

（七）舉辦公民投票之機關

籌組公民投票之機關如下：

1. 俄羅斯聯邦中央選舉委員會：功能編成俄羅斯聯邦中央公民投票委員會。

2. 俄羅斯聯邦選舉委員會：功能編成俄羅斯聯邦公民投票委員會。

3. 行政區域委員會（鄉鎮市）：功能編成俄羅斯聯邦公民投票行政區域委員會。

4.地方投票處委員會：功能編成地方公民投票處委員會（俄羅斯聯邦憲法第 13 條）。

（八）公民投票結果之判決

俄羅斯聯邦中央公民投票委員會確認公民投票之有效性（須超過半數以上之公民參加投票）。俄羅斯聯邦中央公民投票委員會並確認以過半數之公民投下贊成票為準；若無法超過半數之選票，該公民投票視為無效。

第二節
實施情況

一、以瑞士為例

在實施公民投票方面，瑞士係一採行直接民主制國家，所謂直接民主的基本概念，在於人民主權原則必受憲法之充分保障。在瑞士，公民創制與複決權為瑞士整套政治制度中極為重要之一環，而公民投票制度即為行使直接民主之依據。瑞士為全世界各國實施全國性公民投票次數最多的國家，自 1848 年瑞士建立聯邦國始至今，總計舉行公民投票約七百次，若按年度平均計算，每年約有三或四次的投票。

瑞士實施公民投票至今，主要歷經兩個重要時期：1848 至 1874 年為第一期。1874 至 1999 年為第二期。區分此兩個時期的主要關鍵在於瑞士聯邦憲法經公民投票的通過，已前後重新制定三次，分別為：1848 年憲法（第一次）；1874 年憲法（第二次）；2000 年憲法（第三次）。瑞士於 1999 年 4 月 18 日以強制性公民投票通過新聯邦憲法之實施，新聯邦憲法

並於 2000 年 1 月 1 日正式開始生效（Hamon and Passelecq, 2001: 46-49）。

（一）1848 至 1874 年時期

　　此時期的公民投票皆屬強制性，分別為強制性修憲與制憲公投及公民創制制憲案兩類。公民創制制憲案於當時被否決；至於強制性制憲與修憲公投如下：

　　1. 兩次強制性制憲公投：一次於 1872 年否決；一次於 1874 年通過。第二部聯邦憲法建立。

　　2. 九次強制性修憲公投（連續於 1866 年）：一次通過，八次否決。

　　此時期總計共十一次公投：兩次通過，九次否決。

（二）1874 至 1999 年時期

　　此時期的公民投票分為強制性公民投票、任意性公民投票、公民創制投票三類。

1. 強制性公民投票

(1) 制憲方面：國會制憲草案於 1999 年通過：新聯邦憲法產生。1935 年極右派提出的公民創制制憲案被否決。

(2) 修憲方面：總計共一百四十九次國會修憲草案，一百一十七次通過，三十二次否決；二十九次反國會修憲草案，十九次通過；十次否決；一百二十九次公民創制修憲案，十二次通過，一百一十七次否決。

(3) 國際條約方面：總計共四次國際條約案，二次通過，二次否決；1986 年強制性公民投票否決加入聯合國，1992 年否決加入歐洲共同經濟區。在此，值得一提的是，瑞士又於 2002 年 3 月通過加入聯合國，並於同年 9 月正式成為聯合國第 190 個會員國。

(4)緊急法律方面：總計共十一項緊急法律，均全數通過。

2. 任意性公民投票

(1)法律方面：總計共一百三十三次法律案立法公投，六十六次通過，六十七次否決。

(2)條約方面：總計共四次條約案立法公投，兩次通過，兩次否決。

自 1848 至 1999 年，瑞士實施的公民投票次數總計爲四百七十二次。其中三百四十二次通過，一百三十次否決；而遭到否決的大都爲公民創制案，從創制投票被否決的結果來看，一來顯示瑞士人對創制案基本上較持保留的態度，另一方面顯示來自國會可能所持之反對立場。

3. 公民創制投票

由公民所提出的創制案總計約二百三十次。其中十次公民創制案因違反國際法與法律整體原則，經國會判定無效；計七十次公民創制案因受制於國會法案或政府政策遭到撤銷；計二十次一直未經國會判定；總計只剩一百三十次公民創制案經過複決。複決結果只有十二次通過，一百一十八次否決。複決遭到否決的根本原因，在於提出創制案大都爲在野少數團體，並未受到國會與人民的支持；此外，創制案所通過的十二次，其中四次獲得國會極力之支持。

在此值得省思的是，雖然創制案通過的比率很低，然而，公民創制仍不失爲造成政府部門某些程度之壓力與影響。例如 1989 年 11 月提出取消軍隊之創制案，該案雖被否決，但仍有超過三分之一的投票者贊成，因而使得日後的軍事立法轉趨較有人性。

瑞士公民投票之實際情形見表 5-2。

表 5-2 瑞士實施公民投票情況

日期	標的	方式註	投票人數	投票百分比	贊成百分比	反對百分比
1990 年 4 月 1 日	• 公路網築實	1		41	28.5	71.5
	• 無高速公路區域	1		41	32.7	67.3
	• 克諾諾（Knonau）區域	1		41	31.4	68.8
	• 比思（Bienne）與索勒耳（Saleure）之間高速公路	1		41	34.0	66.0
	• 葡萄培植	2		41	46.7	53.3
	• 司法組織	2		41	47.4	52.6
1990 年 9 月 23 日	• 原子能	1		40	47.1	52.9
	• 核能發電廠興建	1		40	54.5	45.5
	• 能源憲法條文	3		40	71.1	28.9
	• 道路流通	2		40	52.8	47.2
1991 年 3 月 3 日	• 十八歲投票權與被選舉人資格	3		31	72.7	27.3
	• 大眾交通	1		31	37.1	62.9
1991 年 6 月 2 日	• 聯邦財政	3		33	45.6	54.4
	• 軍事刑則	2		33	55.7	44.3
1992 年 2 月 16 日	• 疾病保險	1		44	39.3	60.7
	• 動物實驗	1		45	43.6	56.4
1992 年 5 月 17 日	• 加入國際不列登、伍茲（Bretton Woods）組織	2		39	55.8	44.2
	• 參加國際不列登、伍茲組織	2		39	56.4	43.6
	• 水質保護	2		39	66.1	33.9
	• 人遺傳基因控制	4		39	73.8	26.2
	• 公民服務	3		39	82.5	17.5
	• 性別違反	2		39	73.1	26.9
	• 水質維護	1		39	37.1	62.9
1992 年 9 月 27 日	• 阿爾卑斯山鐵路路線	2		46	63.6	36.4
	• 議會報告	2		45	58.0	42.0
	• 郵資徵收權	2		46	61.5	38.5
	• 鄉村土地權	2		46	53.6	46.4
	• 國會津貼	2		46	27.6	72.4
	• 地面設備支出	2		45	30.6	69.4

表 5-2 瑞士實施公民投票情況（續）

日期	標的	方式註	投票人數	投票百分比	贊成百分比	反對百分比
1992 年 12 月 6 日	・歐洲經濟領域	3		79	49.7	49.7
1993 年 3 月 7 號	・碳氧燃料稅 ・遊樂場所禁止 ・動物實驗	2 3 1		51 51 51	54.5 72.5 27.8	45.5 27.5 72.2
1993 年 6 月 6 日	・軍隊與環境維護 ・反對購買戰鬥機	1 1		56 56	44.7 42.8	55.3 57.2
1993 年 9 月 26 日	・未正當使用武器 ・區域轉移 ・國慶節日 ・疾病保險 ・失業保險	3 3 1 2 2		40 40 40 40 40	86.3 75.2 83.8 80.5 70.4	13.7 24.8 162 19.5 29.6
1993 年 11 月 28 日	・1993 年（TVA）財政制度 ・聯邦財政整頓 ・社會福利維持 ・特別消費稅捐 ・酒精限制 ・菸草限制	3 3 3 3 1 1		45 45 45 45 45 46	66.7 57.7 62.6 60.6 25.3 25.5	33.3 42.3 37.4 39.4 74.7 74.5
1994 年 2 月 20 日	・高速公路納稅證票 ・超重量運輸限制 ・超重量運輸稅 ・阿爾卑斯山地區環境保護 ・航空飛行	3 3 3 1 2	4,563,421 4,563,421 4,563,421 4,563,421 4,563,421	40.8 40.8 40.8 40.9 40.7	67.6 71.1 65.6 51.2 58.3	31.1 27.3 32.1 47.4 37.2
1994 年 6 月 12 日	・文化獎勵 ・入籍 ・和平促進	3 3 2	4,572,713 4,572,713 4,572,713	46.6 46.8 46.8	49.7 52.1 42.1	47.8 46.5 56.3
1994 年 9 月 25 日	・降低小麥價格 ・禁止種族歧視	3 2	4,576,512 4,576,512	45.5 45.9	95.8 53.9	1.9 44.7

表 5-2　瑞士實施公民投票情況（續）

日期	標的	方式註	投票人數	投票百分比	贊成百分比	反對百分比
1994 年 12 月 4 日	• 聯邦疾病保險	2	4,580,035	44	50.7	47.2
	• 健康疾病保險	1	4,580,035	44	22.9	74.7
	• 對外國人限制	2	4,580,035	44	71.2	26.4
1995 年 3 月 12 日	• 農業憲法條款	4	4,583,930	37.9	48.1	49.8
	• 乳製品經濟	2	4,583,930	37.9	35.7	62.0
	• 農業法	2	4,583,930	37.9	32.8	64.8
	• 支出限制	2	4,583,930	37.9	80.2	16.0
1995 年 6 月 25 日	• 老人保險	2	4,591,795	40.4	59.8	38.7
	• 延長老人保險	1	4,591,795	40.3	26.9	70.6
	• 外國人不動產取得	2	4,591,795	40.3	45.1	52.0
1996 年 3 月 10 日	• 語言憲法修正案（第116 條）	3	4,599,317	31	73.7	23.1
	• 市鎮移轉	3	4,599,317	31	87.7	8.0
	• 軍事人員設備	3	4,599,317	31	42.2	54.3
	• 蒸餾設備	3	4,599,317	30.9	76.7	18.2
	• 車站附近設置停車場	3	4,599,317	31	52.0	44.4
1996 年 6 月 9 日	• 農業者與消費者	4		31	77.6	22.4
	• 政府組織與行政單位	2		31	39.4	60.6
1996 年 12 月 1 日	• 非法移民	1		47	46.3	53.7
	• 工作法	2		47	33.0	67.0
1997 年 6 月 8 日	• 加入歐洲聯盟法定程序	1		35	25.9	74.1
	• 戰爭物品輸出	1		35	22.5	77.5
	• 化學藥劑廢除	3		35	82.2	17.8
1997 年 9 月 28 日	• 失業保險補助	3		41	49.2	50.8
	• 無吸毒青年	1		41	29.3	70.7
1998 年 6 月 7 日	• 預算平衡	3		41	70.7	29.3
	• 遺傳保護	1		41	33.3	66.7
	• 警察權	1		41	24.6	75.4
1998 年 9 月 27 日	• 超重運輸費用	2		52	57.2	42.8
	• 食用品	1		52	23.0	77.0
	• 退休年齡	1		52	41.5	58.5

表 5-2　瑞士實施公民投票情況（續）

日期	標的	方式[註]	投票人數	投票百分比	贊成百分比	反對百分比
1998 年 11 月 29 日	• 大眾運輸	3		38	63.5	36.5
	• 穀物生產品	3		38	79.4	20.6
	• 毒品政策	1		38	26.0	74.0
	• 工作法	2		38	63.4	36.6
1999 年 2 月 7 日	• 聯邦議會被選舉人資格	3		38	74.7	25.3
	• 醫藥移植	3		38	87.8	12.2
	• 住宅	1		38	41.3	58.7
	• 領土整頓	2		38	55.9	44.1
1999 年 4 月 18 日	• 聯邦憲法實施	3		36	59.2	40.8
1999 年 6 月 13 日	• 庇護法	2		46	70.6	29.4
	• 庇護緊急措施	2		46	70.8	29.2
	• 海洛因醫藥處方	2		46	54.4	45.6
	• 殘障保險	2		46	30.3	69.7
	• 生育保險	2		46	39.0	61.0
2000 年 3 月 12 日	• 司法改革	3		42	86.4	13.6
	• 高效能直接民主	1		42	30.0	70.0
	• 性別均等	1		42	18.0	82.0
	• 反人工生殖	1		42	28.2	71.8
	• 運輸縮減	1		42	21.3	78.7
2000 年 5 月 21 日	• 與歐體區域協定	2		48	67.2	32.8
2000 年 9 月 24 日	• 費用優惠	4		43	46.6	53.4
	• 環境費	4		43	44.6	55.4
	• 移民條例	1		43	36.3	63.7
	• 建設性公民投票	1		43	34.2	65.8

註：1 表示人民創制權；2 表示任意性公民投票；3 表示強制性公民投票；4 表示反聯邦議會草案。
資料來源：歐洲公民投票（Hamon and Passelecq, 2001: 56-59）。

二、以法國為例

　　法國為世界各國最早實施公民投票的國家，於 1793 年法國大革命時期即已實施。由於法國最先實施全國性公投，因而認識法國憲法，及其所制定的公民投票制度甚為重要。從 1793 年法國制憲（制定 1793 年憲法）至 2000 年法國修憲（縮減總統任期為五年），法國已歷經 207 年公投實行期，全國性公民投票總共實施二十三次（請參考表 5-3）。

　　以實施方面言之，其實，法國的公民投票在政治操作面是屬於十分複雜的權力遊戲。法國第五共和實施公投以來計九次，然雖引起相當大之爭議，但卻不失為屬於法國式之範例。

　　公民投票在政治操作方面，可用圖 5-1「鐵三角」（發動者、賭注、行情）簡圖表示（Hamon、Passelecq, 2001: 21）。

　　以 1958 至 2000 年法國第五共和實施的九次公民投票來比較：占有七次的公投（1958、1961、1962-1、1962-2、1972、1988、2000 年）為當時屬國會多數政黨的總統所發起，此種條件使總統可掌控多數的局面，勝算較大，行情亦較看好。例如 2000 年 9 月 24 日，法國前任總統席哈克聯合右派聯盟季斯卡發起法國第一次的修憲公投，結果不出政府所料，此回公投贊成率高達百分之七十三。

　　但以 1969 年的公民投票為例，當時法國總統戴高樂（Charles de

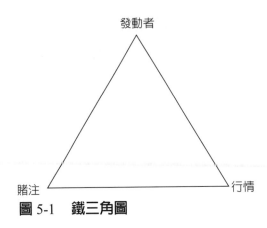

・**發動者**：法國公民投票之發動者，通常為總統發動。
・**賭注**：以總統屬國會多數或少數政黨而定（法國屬半總統制，行政與立法關係常以政治協商為主，政治面向極其複雜）。
・**行情**：須考量總統的聲望、民意基礎及支持度（法國總統係民選產生）。

圖 5-1　**鐵三角圖**

表 5-3　法國實施公民投票情況

公民投票	投票率	投票贊成百分比	選票贊成百分比
1793 年：法國 1793 年 6 月 24 日憲法	26.7	26.5	99.3
1795 年：法蘭西共和國第三年 12 月 5 日憲法	13.7	13.1	95.6
1799 年：法蘭西共和國第八年憲法	3.8	2.4	63.7
1800 年：法國拿破崙第一執政官執政	43.1	51.2	99.9
1802 年：法國拿破崙政府執政	51.2	51.0	99.8
1804 年：法國拿破崙帝國權限	43.3	43.8	99.7
1815 年：法帝國憲法附加條款	18.8	18.6	99.6
1851 年：法國十年統治時期	79.7	73.4	92.1
1852 年：法蘭西帝國重新建立	79.7	76.6	96.9
1870 年：法蘭西國會帝國	83.1	67.3	82.4
1945 年：法國國民議會設置權限	79.9	72.9	96.4
1945 年：法國臨時政體	79.9	50.0	66.3
1946 年：法國憲法草案	80.7	36.9	47.0
1946 年：法國 1946 年 10 月 27 日憲法	68.6	36.0	53.6
1958 年：法國 1958 年 10 月 4 日憲法	84.9	66.4	79.2
1961 年：阿爾及利亞獨立自決	76.5	55.9	75.3
1962 年：法國艾維雍（Evian）協定	75.6	64.8	90.7
1962 年：法國總統直選	77.2	46.4	61.7
1969 年：法國參議員改革與大行政區設置	80.6	36.7	46.8
1972 年：擴展歐洲共同體會員國範圍	60.7	36.1	67.7
1988 年：新卡里多尼島獨立自決	37.0	26.0	80.0
1992 年：馬斯垂克（Maastricht）條約	69.7	34.0	51.0
2000 年：五年總統任期	30.2	18.5	73.2

資料來源：歐洲公民投票（Hamon and Passelecq, 2001: 39）。

Gaulle），爲超越黨派，以仲裁者自居，希望以公民投票決定法國的政治
體制及其前程，此種立場使得總統面對的政治處境最困難，賭注亦最大，
最後投票結果遭到選民反對（反對率爲百分之五十三），戴氏亦只有面對
選民，黯然離開政壇。此時公民投票的賭注對發動者本身，因賭本大，故
具巨大之影響，值得警惕。

　　唯有一次在 1992 年的公民投票（馬斯垂克條約），爲法國當時屬國
會少數政黨的總統密特朗（François Mitterrand）發動，此種公投使總統
所下的賭本亦大，勝算不定，行情亦較不看好。所幸，在歐洲重建問題
上，朝野本有共識，以致政治對立不致升高。此次公投贊成率只達百分之
五十一，可說是驚險過關，但由屬於少數政黨的總統發動公投的例子，在
法國較罕見，惟此次投票反使得密特朗總統聲望增高。

三、以義大利爲例

　　義大利實施公民投票制度直至 1970 年代開始，是屬於比較晚的情
況。由於義大利熱衷政黨政治，因此公民投票亦屬高度政治爭議之議題。
　　在憲法方面：依義大利 1970 年憲法之規定，公民投票可以分成兩種
性質：
　　1.憲法公民投票：此爲義大利憲法第 138 條及 1970 年 5 月 25 日所制
定的公民投票法之規定。
　　2.立法公民投票：此爲義大利憲法第 75 條之規定。此種公民投票得
以使義大利人民廢止經由國會所投票通過之法律。此外，立法公民投票的
實施亦必須依照 1970 年 5 月 25 日公民投票法（attuazione）之規定。
　　義大利自 1974 至 2000 年先後實施全國性公民投票共計五十四次（請
參考下表 5-4）。值得一提的是，其中有四十七次之多（1974、1978、
1981、1985、1987、1990、1991、1993、1995、1997、1999 年）爲廢止性
公投（référendums abrogatifs），總計共十九次經複決通過、十七次否決、

十一次投票人數因未及法定過半數而無效（Pizzorusso, 2001: 88）。此外，
義大利亦以公投廢除核能站的繼續興建，這在歐洲國家（奧地利除外）是
少見之情況。義大利實施公民投票之情況見表 5-4。

表 5-4　義大利實施公民投票情況

時間	標的	投票率	贊成百分比	反對百分比
1974 年 5 月 12-13 日	• 離婚	87.7	40.7	59.3
1978 年 6 月 11-12 日	• 公共秩序的維護 • 政黨捐助與政治獻金（投下贊成票者大都集中於大都會羅馬、那不勒斯及杜林等地區）	81.2 81.2	23.5 43.6	76.5 56.4
1981 年 5 月 17-18 日	• 反恐怖分子科西加（Cossiga）法律 • 義大利刑法第 17 與 22 條有關終身監禁 • 攜帶武器（激進黨與極左派行動聯盟主張解除攜帶武器證明） • 墮胎	79.4 79.4 79.4 79.4	14.9 22.6 14.1 11.6	85.1 77.4 85.9 88.4
1985 年 6 月 9-10 日	• 流動工資級別	77.9	45.7	54.3
1987 年 11 月 8-9 日	• 法官民事責任（法官今後將面對市民之苛求，擔負民事責任） • 部長刑事責任（此次公民投票導致義大利於 1989 年修改憲法，部長須服從法院之審理） • 核能發電廠廢除 • 提供核能發電廠補助金制廢除 • 國外核能草案廢除（有關核能發電廠之公民投票導致停建新核能發電廠，中斷對地方與建核能發電廠之補助，及禁止對外國所有核能之計畫）	65.1 65.1 65.1 65.1 65.1	80.2 85.0 80.6 79.7 71.1	19.8 15.0 19.4 20.3 28.1

表 5-4　義大利實施公民投票情況（續）

時間	標的	投票率	贊成百分比	反對百分比
1989 年 6 月 18 日	• 歐洲議會權力分配（此次公民投票 以憲法法案成立：建立歐洲議會的 歐洲聯邦）	80.7	88.1	11.9
1990 年 6 月 3 日	• 狩獵改革	43.4	92.2	7.8
	• 狩獵與私人財產（增加狩獵者之束 縛）	42.9	92.3	7.7
	• 農藥使用（環境生態學家企圖減少 農藥在農業的使用） （因投票人數未及百分之五十法定 人數，故無法生效）	43.1	93.5	6.5
1991 年 6 月 9-10 日	• 廢除複合優先選舉制（選舉人在選 票上註明對候選人優先選擇的次序）	62.2	95.6	4.4
1993 年 4 月 18-19 日	• 參議員選舉改革（此公民投票導致 參議員選舉經由單計名投票選出）	77.0	82.7	17.3
	• 政黨捐助（廢除政黨公用捐助，中 央政府只在選舉支出上提供補助）	76.9	90.3	9.7
	• 公共關係部廢除	76.9	90.1	9.9
	• 觀光部廢除	76.9	82.3	17.7
	• 農業部廢除 （上述三個部門均透過公民投票廢 除、農業與觀光今後屬地區性範圍）	76.9	70.2	29.8
	• 儲蓄銀行人事提名（儲蓄銀行主管 將不透過中央政府提名，而由地方 政府提名）	76.9	89.8	0.2
	• 環境保護（環境污染控制權限從地 方政府轉至國家獨立單位）	76.9	82.6	17.4
	• 反毒品法（此公民投票部分免除違 禁藥品使用之刑罰）	79.9	55.4	44.6
1995 年 6 月 11 日	• 獨立工會聯盟代表	56.9	49.9	50.1
	• 企業工會聯盟代表	56.9	62.1	37.9
	• 政府部門工會代表	56.9	64.7	35.3
	• 軟禁（取消總檢察長之強迫拘禁權）	57.0	63.7	36.3
	• 公共電視私營化	57.2	54.9	45.1

表 5-4 義大利實施公民投票情況（續）

時間	標的	投票率	贊成百分比	反對百分比
1995 年 6 月 11 日	• 設立商業許可	57.0	35.6	64.4
	• 工會薪資之年金自動扣除	57.1	56.2	43.8
	• 市鎮選舉法（廢除以超過 1 萬 5,000 名居民市鎮選舉之第二輪投票）	57.1	49.4	50.6
	• 設置商業的自由	57.1	37.5	62.5
	• 國家電視頻道轉讓	57.9	43.0	57.0
	• 電視廣告中斷	57.9	44.3	55.7
	• 電視廣告承包	57.8	43.6	56.4
1997 年 6 月 15 日	• 農業部撤除	30.1	66.9	33.1
	• 法官額外司法兼職	30.2	85.6	14.4
	• 公務人員自動升遷	30.3	71.7	28.3
	• 私營化	30.2	74.1	25.9
	• 記者公會廢除	30.0	65.5	34.5
	• 私人所有狩獵權	30.2	80.9	19.1
	• 公共服務權限 （上述投票人數未及法定過半數）	30.2	83.6	16.4
1999 年 4 月 18 日	• 廢除義大利眾議院四分之一席次之 比例代表制 （此投票人數未及法定過半數）	49.6	91.5	8.5
2000 年 5 月 22 日	• 廢除公民投票及選舉支出之償還金	32.2	71.1	28.9
	• 廢除義大利眾議院四分之一席次之 比例代表制	32.4	82.0	18.0
	• 高等法官委員會選舉方式	31.9	70.6	29.4
	• 司法檢察官駐地分立	32.0	69.0	31.0
	• 徵收工會社團費用	32.2	61.8	38.2
	• 禁止過度解雇	32.5	33.4	66.6
	• 禁止法官額外司法兼職	32.0	75.2	24.8

資料來源：歐洲公民投票（Hamon and Passelecq, 2001: 106-107）。

四、以俄羅斯為例

直至 1990 年代俄羅斯聯邦開始實施公民投票。1991 年 3 月 17 日透過戈巴契夫（M. Gorbatchev）之發起，並經過人民議會同意，所有蘇聯人民同時表白是否仍維持俄國固有之聯邦體制，當時三分之二的選民均投下贊成票（都會區莫斯科（Moscou）與列寧格勒（Leningrad）卻大都投下反對票）。之後，葉爾辛（Boris Eltsine）亦希望從事政治改革，葉氏建議 1991 年公民投票增置「俄羅斯總統普選」議題，結果，選民以過半數的百分之六十九點九投下贊成票。

1991 年 12 月蘇聯解體之後，俄羅斯體制運作亦遭空前衝擊，主要的困境來自於總統葉爾辛與國會之間之衝突。葉氏主張推動激進之經濟改革，例如經濟自由化、私營化及價格自由競爭等，但國會則對激進之經濟改革抱持保留態度。

其中一項制定新憲法之草案，原本經於總統葉爾辛與憲法法院主席之同意交由公民投票公決，但由於之後未能就該草案的全部內容達成共識，因而公民投票暫時擱置。為求解除困境，當時俄羅斯總統與國會共同決定於 1993 年 4 月 25 日再次舉行「仲裁式」公投，選民在投票問卷內須一次回答四項問題。投票結果顯示：前兩個問題均超過投票比率過半數以上，選民投下贊成票；後兩個問題因未達登記選民的過半數，因而投票無效，俄羅斯憲法法院宣告最後兩個問題的投票未具法律效力。此次投票不乏帶有政治性之因素考量，民意反映支持總統葉爾辛比支持國會高，故帶給葉爾辛改革之契機。以 1993 年公投問卷明顯看出選民支持「提前總統選舉」要比支持「提前立法選舉」要少得多（請參考表 5-5）。

1993 年公投結果，顯示民意站在總統這一邊，1993 年 9 月 21 日葉爾辛總統因此決定解散國會，國會議員卻認為此決定違反憲法規定，因而採取抵制措施，葉爾辛最後乃下令軍隊坐鎮以平息政爭。1993 年 12 月 12 日隨即展開立法選舉，同時亦於當天舉行新憲法草案公民投票，最後過半數選民投下贊成票，使得俄羅斯聯邦新憲法於焉成立。

　　依俄羅斯憲法第 3 條第 3 款之規定，「公民投票與自由選舉皆為人民主權表達的方式」。第 84 條第 3 款並指出：「總統按照聯邦憲法程序，決定公民投票實施等」，然而總統是否具有決定權問題卻有爭議（Hamon, 1997: 31-32）。

表 5-5　俄羅斯實施公民投票情況

			選舉人數百分比	投票人數百分比
時間：1991 年 3 月 17 日				
問題：「您認為有必要成立蘇維埃社會主義共和國新聯邦，並賦予主權平等，不分國籍，個人自由與權利受其保障？」	選舉人數	185,647,355	100.0	—
	投票人數	148,574,606	80.0	100.0
	廢　票	757,817	1.5	1.9
	贊　成	113,519,812	61.1	76.4
	反　對	32,303,977	17.4	21.7
俄羅斯總統普選產生（單獨俄羅斯部分）	選舉人數	—	100.0	—
	投票人數	—	75.1	100.0
	廢　票	—	1.6	2.1
	贊　成	—	52.5	69.9
	反　對	—	21.0	28.0
時間：1993 年 4 月 25 日				
問題一：「您對俄羅斯總統葉爾辛感到信賴嗎？」	選舉人數	107,310,374	100.0	—
	投票人數	68,869,947	64.2	100.0
	廢　票	1,468,868	1.4	2.1
	贊　成	40,405,811	37.7	58.7
	反　對	269,95,268	25.2	39.2
問題二：「您贊成自 1992 年總統與政府所推行的社經政策嗎？」	選舉人數	107,310,374	100.0	—
	投票人數	68,759,866	64.1	100.0
	廢　票	1,642,883	1.5	2.4
	贊　成	36,476,202	34.0	53.0
	反　對	30,640,781	28.6	44.6

表 5-5　俄羅斯實施公民投票情況（續）

			選舉人數百分比	投票人數百分比
問題三：「您認爲有必要提前舉行俄羅斯總統大選嗎？」	選舉人數	107,310,374	100.0	—
	投票人數	68,762,529	64.1	100.0
	廢　票	2,316,247	2.2	3.4
	贊　成	34,027,310	31.7	49.5
	反　對	32,418,972	30.2	47.1
問題四：「您認爲有必要提前舉行俄羅斯人民議會選舉嗎？」	選舉人數	107,310,374	100.0	—
	投票人數	68,832,060	64.1	100.0
	廢　票	1,887,258	1.8	2.7
	贊　成	46,232,197	43.1	67.2
	反　對	20,712,605	19.3	30.1
時間：1993 年 12 月 12 日				
問題：「您同意俄羅斯聯邦新憲法嗎？」	選舉人數	106,182,030	100.0	—
	投票人數	58,187,755	54.8	100.0
	廢　票	1,818,792	1.7	3.1
	贊　成	32,937,630	31.0	56.6
	反　對	23,431,333	22.1	40.3

資料來源：Ronald J. Hill and Stephen White, The Referendum in Communist and Post-communist Europe, Center for the Study of Public Policy (University of Strathclyde), 1995.

第三節
法國總統席哈克談「歐洲公投」

　　作者有幸向法國總統席哈克請教有關「歐洲與公投」問題，謹就所請教之問題與席氏之答覆，以原文、中譯文分別記錄如下，以供參考。

一、原　文

（一）Questions

Professeur Chang-Lin Li:

"Monsieur le Président: Bonjour! Je suis professeur en science politique à Taiwan. J'admire beaucoup les systèmes politiques occidentaux et je voudrais les transmettre par leur enseignement à l'Université de mon pays. Je suis actuellement à Paris dans le cadre d'un projet de recherche sur le système du référendum. Ce projet est soutenu par mon gouvernement. Maintenant, permettez-moi de vous demander votre avis sur cinq points.

1. Est-ce que l'Europe envisage-t-elle l'adoption d'une Constitution européenne ou l'élection d'un Président européen par référendum? Le cas échéant, quand et comment ces grands projets doivent-ils être réalisés?

2. Selon vous, quelle est la vraie signification du référendum?

3. Quelles sont les valeurs démocratiques du référendum?

4. Quels sont les avantages et les inconvénients du référendum?

5. Chez nous, à Taiwan, sur la question cruciale de l'unification de la Chine ou de l'indépendance de Taiwan, le gouvernement a longtemps hésité à appliquer le système du référendum. Mais actuellement, le nouveau gouvernement, encouragé par l'altérnance politique au pouvoir, commence à réfléchir sur la possibilité de la création d'un système de référendum. Quels conseils pourriez-vous nous donner?"

（二）Réponses

Président de la République Jacques Churac:

"Je souhaite que le recours au référendum soit désormais plus fréquent. Parce que, comme vous tous, je suis du parti de la démocratie, j'estime qu'il faudra étendre de nouveau le champs du référendum législatif, élargir les possibilités de référendum local et organiser enfin le référendum d'initiative populaire. Les prochaines années doivent nous permettre d'intégrer pleinement le référendum à notre culture et à nos pratiques."

Par ailleurs, sur l'avenir de l'Europe, le Chef de l'Etat Jacques Chirac s'est exprimé en ces termes: "Je crois que dans le contexte de la mondialisation, pour mieux faire entendre notre voix, pour défendre nos intérêts et nos valeurs, nous devons aller vers davantage d'Europe.

C'est vrai notamment dans tous les domaines où l'efficacité impose d'agir, de plus en plus, à l'échelle des continents. Beaucoup a déjà été fait en matière économique et monétaire, et l'on voit les résultats positifs.

Mais ces nouvelles avancées supposent que nous soyons bien d'accord, entre Européens, sur les politiques que nous allons défendre ensemble; que nous ayons la même vision de notre modèle de société, qui, pour moi, se résume en quelques mots: équilibre entre solidarité et efficacité économique, respect de la diversité culturelle, volonté de fixer nous-mêmes notre destin.

Et c'est bien pourquoi l'un des enjeux essentiels de ce grand débat est de décider si le moment n'est pas venu de doter l'Union d'une Constitution. Car l'objet d'une Constitution, c'est de préciser la répartition des compétences entre les différents niveaux, de dire qui fait quoi entre l'Europe et les Nations. Mais c'est aussi de proclamer nos valeurs communes, telles qu'elles figurent dans la Charte des droits fondamentaux, et au-delà, d'identifier le projet qui nous unit.

D'une certaine façon, une Constitution nous aiderait à forger une vision commune au moment où les Européens s'apprêtent à franchir un pas supplémentaire vers davantage d'intégration vers ce que nous sommes de plus en plus nombreux à appeler une Fédération d'Etats-nations."

二、中譯文

（一）問　題

　　李昌麟教授：「總統閣下，您好！本人是來自台灣的政治學教授，非常嚮往西方的政治制度，願意在吾國的大學傳授之。目前正在巴黎進行由政府獎助的公民投票制度之研究專案研究計畫。謹以五個問題向您請教。

　　1.請問歐洲是否將以公民投票制定一部新憲法並選出歐洲總統？此重大計畫將何時及如何實現？

　　2.公民投票真正的意義為何？

　　3.公民投票的民主價值為何？

　　4.公民投票的優缺點為何？

　　5.台灣由於受制於主要的統獨問題，使得政府長期以來對於實施公民投票制度，採遲疑的態度。但現新政府由於受到政權輪替的激勵，開始思索公民投票制度建立之可能性。您對此有何建議？」

（二）答　覆

　　席哈克總統：「本人期盼，日後以公民投票決定政策將愈趨頻繁。我與你們大家一樣，皆是民主政治的擁護者，我主張對法國須進一步擴展立法公民投票的範圍，擴大地方性的公民投票及建立公民創制權制度。來年公民投票將與法國的文化及實際的生活緊密結合在一起。」

　　對於歐洲的未來，席哈克總統表示如下：「面對世界新情勢，歐洲須站穩立場，並防衛歐洲的利益與價值觀，使歐洲走的更遠。尤其，歐洲大陸須在各層面以行動達成功效，我們曾致力於歐洲經濟與貨幣統一的問題，已有顯著的成效。但是，歐洲的進一步升級須靠歐洲人凝聚共識，歐洲人須共同防衛歐洲政策，亦須共同提出歐洲社會模式願景，簡言之：歐洲須致力於團結與平衡，促進經濟效益，對文化多元的尊重，並奠定歐洲

未來的命運。基此，可透過討論制定歐洲憲法，其目的在於歐洲的權限分配，及訂定國家間的遊戲規則，同時，在基本權利憲章中定立歐洲共同的價值觀，藉以凝聚歐洲共識。歐洲憲法能促進歐洲人共同的願景，使歐洲人融合一起，並以建立歐洲聯邦為目標。」

備註：席哈克總統只回答了歐洲公投問題，其餘問題並未答覆。

6

地方性公民投票經驗

第一節
發展情況

地方性公民投票若與全國性公民投票相比較，前者易顯出其侷限性。然以地方性公民投票本身之界定、規範形式，及應用範圍等亦有其獨到之處及代表性。

以美國為例，聯邦政府之立法權係透過聯邦與所組成之各自治州分享，而各州可依本身之權限範圍，設立地方立法公民投票制度。於今，美國大部分各州均實施此制度。

美國各州實施立法公民投票具特殊之意義，主要是一方面各州經濟與人口之逐步成長（以加州擁有 3,000 萬以上州民為例），使得地方人民對自主權行使之要求愈來愈高；另一方面，美國屬聯邦制，聯邦政府從未實施過全國性公民投票，而由地方各州來行使（Hamon, 1997: 35）。

美國聯邦憲法與各州憲法，對於以公民投票作為人民直接參與政事的管道，有不同之規定。而聯邦憲法並未明文規定人民可針對政治問題被徵詢以表示其同意權。美國早期制憲者麥迪遜（Madison）、漢彌爾頓（Hamilton）在其擁護「聯邦主義體制」之論據中，均大力對公民投票制度提出批判。麥迪遜主張：必須過濾民意，使其「淨化與超越」，「公共意見」必須符合「公共利益」，因而「公共利益必須取決於人民的代表而定，而非人民本身」。故麥氏反對公民投票原則，及有關「訴諸人民」之憲法修正案，其進一步反對理由為：讓人民對政府執政能力持懷疑之態度，是剝奪了對政府必要的公信力及其主導政事之穩定性；另一方面，似必激起群眾情懷，使得沉默的大眾受到干擾。麥氏極力駁斥：「應是公共的理智而非公共的煽情來監控與管理政府。」同樣地，漢彌爾頓亦建議權力應著重於行政部門，以維護其獨立性，並力求制衡於立法部門。以漢彌爾頓觀點而言，公共意見必須透過政府來管理，另一方面，人民所選出的代表，其所作所為亦須透過政府來引導；身為國家的總統須主導國政，並

有能力抵抗公共的「過渡假象」，以便於深思熟慮國家重大決策之走向。漢氏認為：共和政府的原則並不在盲目順從人民所被激起的情懷及過渡式之憧憬，而政府官員與民眾溝通時，更不能一昧迎合少數公眾偏見而違背多數公眾利益。因而漢氏對公民投票亦秉持著高度懷疑之態度。

但是，對反對聯邦主義者而言，認為聯邦憲法太過於強調菁英式主義，因而蔑視人民直接行使政權基本權利，故強調由人民直接下命令強制政府必須以民意作為施政之依歸。反對聯邦主義者因此以所謂「參與式民主」作為訴求（此概念於今而論，顯然為現代民主政治發展必然之模式）。直至 19 世紀末期，經由美國提倡民眾主義者之爭取，人民創制、複決及罷免權便於大部分各州政府設置。

美國在爆發南北戰爭內戰後，曾經邁入經濟急速成長期，經濟急速長係透過當時美國政府所激勵，但缺點是並未做有效的管理。經濟成長伴隨著快速的工業化並使得生活水準顯著提升。然而，隨著景氣之行情，亦史無前例產生了財富集中，主要關鍵便在於富人（haves）與貧窮者（have-nots）之間不平等成長關係，及因社會與工業關係惡化產生強烈對立。大部分從事傳統農業者面對工業化快速成長，似碰到了高度發展窘境而難以突破。工業生產力的提高降低了價格與成本，但是，業者所獲得之相關利潤卻顯不足，同時亦無法償還借貸及負擔工業生產之費用。因而，美國當時中西部與東部的工人團體與中西部、西部及南部的農業團體聯合起來抗爭，希望政府能重新估量，並立即針對當時美國經濟的基本結構所引發的問題，採取有效之解決方案。

直至 1890 年，民眾主義支持者主控了大多數民主黨西部與南部地盤，並於國會選舉中當選了四名參議員及五十餘名眾議員。1891 年，並推選了候選人威佛（James B. Weaver）角逐當時美國總統寶座，結果獲得超過 100 萬的選票與 22 張選舉人團之得票數。依當時所提出之政治綱領，他們希望揭發政府的腐敗，及強調美國工人當時遭受經濟窘迫情況比歐洲工人情況還要嚴重。民眾主義支持者後來受到民主黨吸收，民主黨並於 1896 年總統選舉時推選布萊恩（William Jennings Bryan）為候選人，布氏

被公認爲「民權捍衛者」。當時，與民眾主義相關之議題，依舊是民主黨所熱烈討論核心問題，同時亦是美國改革運動所關切之問題。對於民眾主義支持者而言，美國各州政府之立法，其腐化程度之深已非由單純的政府機構修正足以改善，因而主張繞過立法，直接由人民自決。布萊恩於1896年支持民眾主義者之要求，二年後（1898年）公民創制與複決權法案於達柯他州（Dakota）通過。之後快速的傳布，美國大多數各州（尤其在西部與南部）亦開始設置同樣之直接民主機制，當時美國參與此機制的州政府爲數19個，但因第一次世界大戰影響，民眾主義運動暫停，後於1918年麻賽諸塞州（Massachusetts）陸續加入。1959年開始，美國其餘4州：阿拉斯加州（Alaska）、懷俄明州（Wyoming）、伊利諾州（Illinois）及佛羅里達州（Florida）亦通過公民創制權行使之規定。此外，有關公民創制、複決及罷免權直接民主行使方式皆於美國當時地方層級（郡與市政府）施行。至今爲止，美國約計37州具備公民投票制度，此制度規定若無選舉人集體之同意，則法案無法產生效力。同時，21州規定法律與憲法修正案可以透過公民創制，所有選民的百分之五至百分之十五之人數以聯名請願方式發起。另外，15州允許選民罷免當選者，一般之有效程序爲罷免案需透過所有選民之特定百分比聯名，並以最後投票表決，但如今，由於選舉已相當頻繁，故如是之罷免案，因此極爲少用（Brown, 1994: 363 etc.）。

<h1 style="text-align:center">第二節
公民創制權之行使</h1>

　　美國地方各州行使創制權頗具特色。1910年代爲止，共計98個創制法案通過，後由於世界大戰次數減少，1930年代曾多次通過創制案，但1940年代又降低次數，直至1980年代才恢復行使：共約81個創制法案獲通過。當時，美國有些州，尤其是加州（California）與奧瑞岡州

（Regon），創制權行使對當地政治參與流程產生重大之衝擊。即是與創制權相關議題，常常主導了選情，候選人為求勝選往往贊助相關之運動，並動輒以公民創制作為人權訴求，例如加州，當時民主黨州長布朗（Jerry Brown）於 1974 年以捍衛公民創制權為由，使得選舉改革得以實現；1982 年共和黨州長德克美詹（George Deukmejian）極力為因犯罪造成的「受害者權利」提出立法創議。

加州利用地方創制而制定許多重要建議案，例如：

1. 1978 年第 13 項建議案：設定產業稅增加之最高限度。

2. 1986 年第 65 項建議案：帶有危險成分之商品，務必貼上標籤註明。

3. 1988 年第 103 項建議案：降低汽車保險的價格。

4. 1988 年第 140 項建議案：限定州議員與參議員任期，並減少近一半立法部門預算。此項建議案亦受到當時當選加州州長共和黨候選人威爾遜（Peter Wilson）支持。

然而，無論在政治或商業利益競爭方面，創制權之行使反造成龐大財力、人力及物力開支。1978 年加州為爭取有關「清潔戶內空氣法案」（Clean Indoor Air Act）創制案，菸草業者耗費近 700 萬美金抵制，而不論任何政治職位之候選人，亦包括州長在內均動員參與此競爭活動。1984 年在密蘇里州（Missouri）為贊成或反對興建核能發電廠進行創制而耗資鉅額。創制權行使，反而轉變成一種商業性投資，加州某特定行業索價約 100 萬美金來負責創制法案推動（如負責聯名蒐集、訴願製作、法定服務、信件、廣告及發起等）。一旦政治競爭活動展開時，贊成與反對者各站一邊，各執一詞，使得創制流程變成利益團體活動，亦是一種昂貴流程，它使得有錢有勢的團體反而得利，這些團體利用創制權行使而無需受到國會監督。值得省思的是，繞過政治機構反而將權力轉移至民眾主義支持者最不信任的司法部門。復對於經由創制權所通過的法案，反對者無法求助於立法部門，因而訴諸於法院。加州於 1960 年至 1980 年間經由創制所通過的法案總計十次，而其中六次被司法法院全部或部分裁定無效，其主要理由在於違反憲法規定。

　　美國大部分各州雖有行使創制權之規定，但對於法案通過與否常涉及圖利嫌疑，反而使民眾疑慮增高。1990 年 28 個創制案經由加州選民投票，結果 22 個被反對，很少選民願意鑽研於創制案議題上，大都傾向投下反對票。1990 年在加州大城市，憑選票單上就有兩百項以上之建議，選舉人恐無時間在投票所閱讀相關建議。因而，在行使創制權同時，須由民意代表負責相關活動宣導，一方面藉由機會教育民眾，另一方面使投票不致於流於形式。

第三節
美國加州公民創制複決權之規定

依據 1879 年加州憲法之規定（Diémert, 1995: 85 etc.）：

一、加州憲法第 2 條：創制、複決與罷免

（一）第 8 部分：公民創制權

　　1.公民創制權為選民針對法律與修憲提出建議案，並以投票決定是否施行。

　　2.創制案之確立須向加州政府秘書處提出訴願申請，其訴願內容須與法律或憲法修正有關。

　　(1) 針對法律案部分：經由曾經參加最近一次州長選舉百分之五以上的選民連署。

　　(2) 針對修憲案部分：經由曾經參加最近一次州長選舉百分之八以上的選民連署。

　　3.美國州政府秘書處核定公民創制投票，在訴願書一旦宣告生效後之一百三十一日進行投票，或舉行特別投票。

（二）第 9 部分：公民複決權

1.選民針對法律或相關條例以複決表達贊成或反對。然而對經宣告緊急性之法律、選舉法，及州政府之一般財政支出法規等不在此限。

2.複決案之確立須在法律經通過九十日後，向加州政府秘書處提出訴願申請，訴願內容請求在所通過的法律全部或部分複決，並經參加最近一次州長選舉百分之五以上的選民連署。

3.美國州長核定相關法律之複決，在訴願書一旦宣告生效後之一百三十一日進行投票，或由州政府舉辦特別投票。州長可自行決定是否舉辦特別投票。

（三）第 10 部分：公民創制複決權（投票與生效期、立法修正及廢除）

1.公民創制建議法案或經公民複決通過之法律，一旦經投票結果確認後即進入生效期。另針對法律部分條文經由訴願申請交付公民複決，其餘條文則進入生效期。

2.兩項法律條文如經同次投票卻造成爭議之情況，而其間之一項若得到較多選票則優先適用。

3.可以透過立法修正或廢除經複決所通過的法律，亦可以修正或廢除經由創制所通過之法律。

4.創制案申請須提出選民連署訴願書，其備份亦須交由檢察總長，作為創制案訴願審查前之準備。

5.訴願書或複決之法案、條例等，須事前立法審查。

（四）第 11 部分：在地方各郡及市鎮之創制、複決行使

創制、複決可在每個郡區與市鎮，依法律規定以選民投票行使。

二、加州憲法第 18 條：憲法修正案與修憲

（一）第 1 部分：立法修憲

國會兩院須擁有三分之二以上多數，經公開辯論與投票並記錄於議程之中，得以針對現行憲法作出修正建議，或提出修正案。

（二）第 2 部分：憲法會議

國會兩院須擁有三分之二以上多數，經公開辯論與投票並記錄於議程之中，爲求是否一旦修憲需召開憲法會議，得以透過選民投票表決。如果過半數之選民贊成該項建議，立法部門則須於六個月期限內進行會議召集。

（三）第 3 部分：創制修憲

選民可以透過創制對憲法提出修正案。

（四）第 4 部分：生效

修正案送交選民投票。若修正案獲致過半數選民支持立即生效。若兩項修正案經同次投票卻造成爭議情況，依規定其中獲得較多選票修正案優先適用。

表 6-1 至 6-7 爲美國創制相關規定。

表 6-1　美國各州有關創制修改州憲之規定

州名	連署規定	通過規定
亞利桑那州	前次州長選舉所有候選人所獲總票數百分之十五	修憲投票過半數
阿肯色州	前次州長選舉投票總數百分之十並於15 郡內各獲州長選舉票數百分之五	修憲投票過半數
加州	前次州長選舉所有候選人所獲總票數百分之八	修憲投票過半數
科羅拉多州	前次州務卿選舉所有候選人所獲總票數百分之五	修憲投票過半數
佛羅里達州	前次總統選舉人選舉投票總數百分之八並於二分之一國會眾議員選區各獲投票數百分之八	修憲投票過半數
伊利諾州	前次州長選舉所有候選人所獲總票數百分之八	整個選舉投票過半數或修憲投票的五分之三
麻塞諸色州	前次州長選舉投票總數百分之三（不得少於 2 萬 5,000 名合格選民）並不得於任一郡占四分之一以上連署數	修憲投票過半數並須達參與整個選舉投票者的百分之三十
密西根州	前次州長選舉所有候選人所獲總票數百分之十	修憲投票過半數
密蘇里州	前次州長選舉所有候選人所獲總票數百分之八並於三分之二國會眾議員選區各獲百分之八	修憲投票過半數
蒙他拿州	前次州長選舉投票總數百分之十並於五分之二議員選區各獲百分之十	修憲投票過半數
內布拉斯加州	前次州長選舉投票總數百分之十並於五分之二郡各獲百分之五	修憲投票過半數並須達參與整個選舉投票者至少百分之三十五
內華達州	前次大選投票總數百分之十並於百分之七十五的郡各獲百分之十	在連續兩次大選中修憲投票均過半數
北達柯他州	全州人口百分之四	修憲投票過半數

表 6-1　美國各州有關創制修改州憲之規定（續）

州名	連署規定	通過規定
俄亥俄州	前次州長選舉投票總數百分之十並於二分之一郡各獲百分之五	修憲投票過半數
奧克拉荷馬州	前次州級職位選舉獲最多數票者投票總數百分之十五	修憲投票過半數
奧勒岡州	前次州長選舉所有候選人所獲總票數百分之八	修憲投票過半數
南達柯他州	前次州長選舉投票總數百分之十	修憲投票過半數

資料來源：謝富生、張台麟，公民投票（創制複決）制度比較研究，行政院研考會，1997 年 1 月，第 76-77 頁。

表 6-2　美國各州有關州立法事項行使創制之規定 *

州名	創制種類	連署規定
阿拉斯加州	直接創制	前次大選投票總數百分之十並分布於至少三分之二選區
亞利桑那州	直接創制	前次州長選舉投票總數百分之十
阿肯色州	直接創制	前次州長選舉投票總數百分之八
加州	直接創制	前次州長選舉投票總數百分之五
科羅拉多州	直接創制	前次州務卿選舉投票總數百分之五
愛達荷州	直接創制	前次州長選舉投票總數百分之十
緬因州	間接創制	前次州長選舉投票總數百分之十
麻塞諸色州	間接創制	前次州長選舉投票總數百分之三
密西根州	間接創制	前次州長選舉投票總數百分之八
密蘇里州	直接創制	在三分之二國會眾議員選區各百分之五
蒙他拿州	直接創制	至少百分之五全州合格選民並於至少三分之一議員選區各獲百分之五
內布拉斯加州	直接創制	前次州長選舉投票總數百分之七並於五分之二之郡各獲百分之五
內華達州	間接創制	前次大選投票總數百分之十並分布於至少百分之七十五郡

表 6-2　美國各州有關州立法事項行使創制之規定＊（續）

州名	創制種類	連署規定
北達柯他州	直接創制	前次聯邦十年一度人口普查州民總數百分之二
俄亥俄州	兩者皆有	百分之三選民
奧克拉荷馬州	直接創制	前次州級選舉獲最多數票者投票總數百分之八
奧勒岡州	直接創制	前次州長選舉投票總數百分之六
南達柯他州	間接創制	前次州長選舉投票總數百分之五
猶他州	兩者皆有	前次州長選舉投票總數百分之十（直接創制）或百分之五（間接創制）並於全州過半數郡獲相同比例選民連署
華盛頓州	兩者皆有	前次州長選舉投票總數百分之八
懷俄明州	直接創制	前次大選投票總數百分之十五並分布於至少三分之二郡

＊均以過半數通過為原則，惟於麻塞諸色州與內布拉斯加州規定須達參與整個選舉者之百分之三十（麻州）或百分之三十五（內州）。
資料來源：同前揭書，第 78-79 頁。

表 6-3　美國各州有關州立法事項行使複決之規定＊

州名	複決之發動	連署規定
阿拉斯加州	公民連署	前次州長選舉投票總數百分之十並分布於至少三分之二選區
亞利桑那州	公民連署 議會提案	百分之五合格選民
阿肯色州	公民連署	前次州長選舉投票總數百分之六
加州	公民連署 州憲規定	前次州長選舉投票總數百分之五
科羅拉多州	公民連署 議會提案	前次州務卿選舉投票總數百分之五
康內底克州	議會提案	
佛羅里達州 喬治亞州	州憲規定	
愛達荷州	公民連署	前次州長選舉投票總數百分之十

表 6-3　美國各州有關州立法事項行使複決之規定＊（續）

州名	複決之發動	連署規定
伊利諾州	議會提案	
愛阿華州	州憲規定	
肯薩斯州	州憲規定	
肯德基州	公民連署 議會提案 州憲規定	前次州長選舉投票總數百分之五
緬因州	公民連署 議會提案 州憲規定	前次州長選舉投票總數百分之十
馬里蘭州	公民連署	前次州長選舉投票總數百分之三且巴地摩爾或任一郡不得超過二分之一
麻塞諸色州	公民連署	前次州長選舉投票總數百分之二
密西根州	公民連署 議會提案 州憲規定	前次州長選舉投票總數百分之五
密蘇里州	公民連署 議會提案	在三分之二國會眾議員選區各百分之五合格選民
蒙他拿州	公民連署 議會提案	百分之五全州合格選民並於至少三分之一議員選區各獲百分之五
內部拉斯加州	公民連署	前次州長選舉投票總數百分之五
內華達州	公民連署	前次大選投票總數百分之十
新澤西州	議會提案 州憲規定	
新墨西哥州	公民連署 州憲規定	至少百分之十全州合格選民並於四分之三之郡各獲百分之十
紐約州	州憲規定	
北卡羅來納州	州憲規定	
北達柯他州	公民連署	前次聯邦十年一度人口普查州民總數百分之二

表 6-3　美國各州有關州立法事項行使複決之規定＊（續）

州名	複決之發動	連署規定
俄亥俄州	公民連署 州憲規定	百分之六選民
奧克拉荷馬州	公民連署 議會提案 州憲規定	前次州級職位選舉獲最多數票者投票總數百分之五
奧勒岡州	公民連署	前次州長選舉投票總數百分之四
賓夕凡尼亞州	州憲規定	
羅德島州	州憲規定	
南達柯他州	公民連署	前次州長選舉投票總數百分之五
猶他州	公民連署	前次州長選舉投票總數百分之十並於全州過半數郡獲相同比例選民連署
維吉尼亞州	議會提案 州憲規定	
華盛頓州	公民連署 議會提案 州憲規定	前次州長選舉已登記並投票之選民總數百分之四
威斯康辛州	議會提案	州憲規定
懷俄名州	公民連署	前次大選投票總數百分之十五並分布於至少三分之二的郡

＊ 均已過半數通過為原則，惟於麻塞諸色州規定須達參與整個選舉者之百分之三十。
資料來源：同前揭書，第 80-83 頁。

表 6-4　美國部分州創制、複決案通過比例（1898-1992 年）

州名	複決案			創制案		
	提案數	通過數	通過比例	提案數	通過數	通過比例
阿拉斯加州	21	12	57.1	20	9	45.5
亞利桑那州	164	91	55.5	135	51	37.8
阿肯色州	94	48	51.1	84	41	48.8
加州	541	342	63.2	263	79	33.5

表 6-4　美國部分州創制、複決案通過比例（1898-1992 年）（續）

州名	複決案			創制案		
	提案數	通過數	通過比例	提案數	通過數	通過比例
愛達荷州	22	20	90.9	17	11	64.7
緬因州	147	107	72.8	33	13	39.4
密西根州	107	65	60.7	65	26	40.0
蒙他拿州	62	37	60.0	58	34	58.6
內布拉斯加州	257	173	67.3	38	12	31.5
俄亥俄州	142	84	59.2	53	14	26.4
奧克拉荷馬州	224	117	52.2	78	22	28.2
奧勒岡州	322	186	57.8	274	89	32.5
總數	2,103	1,282	61.0	1,091	401	36.8

資料來源：同前揭書，第 88-84 頁。

表 6-5　美國各州合格創制案之內容（1978-1992 年）

項目	總數	百分比
政府或政治改革	77	19
公眾道德	58	15
稅收或公債	105	26
勞資管理	65	16
公民自由或權力	20	5
健康、福利、住宅	19	5
環境或土地利用	35	9
教育	9	2
國家政策	11	1
總數	399	99

資料來源：同前揭書，第 85 頁。

表 6-6　美國加州各類創制、複決案通過比例（1912-1976 年）

提案類型	提案數	通過數	通過比例
一、透過連署方式提案			
憲法修正案	90	24	27
法律之直接創制案	65	18	28
法律之間接創制案	4	1	25
公民複決	35	21	60
小結	194	64	33
二、透過州議會提案方式			
憲法修正案	476	294	62
債券案	52	41	79
對原以創制方式通過之法律之修正案	15	13	87
小結	543	348	64
總數	737	412	56

資料來源：同前揭書，第 87 頁。

表 6-7　美國加州列於選票上之創制案內容（1912-1976 年）

項目	總數	百分比
政府或政治議程	32	21
公眾道德	29	19
稅收或公債	29	19
勞資管理	26	17
健康、福利、公共住宅	22	14
公民自由或權力	8	5
環境保護或土地利用	5	3
教育	4	2
總數	155	100

資料來源：同前揭書，第 88 頁。

7

全球公民投票經驗

第一節
英國公民投票脫離歐洲聯盟
對全球投票系統之衝擊及影響

英國 2016 年 6 月 23 日以全民投票脫離歐洲聯盟，舉世震驚。究其實，英國向來是主張「議會至上」的內閣制國家，重大的決策概均由國會來決定，故傳統以來，英國在全球創制複決投票系統之評價堪稱爲「代表民主制」。此次英國以脫歐爲題，不由國會決定，卻由人民投票決定，是否想要改變傳統之決策模式？並於全球創制複決投票系統內向上提升爲「半代表民主制」？實耐人尋味，值得研究。過去，瑞士學者鄒格（Serge Zogg）與法國公民投票專家艾蒙（Francis Hamon）針對歐洲 19 國，以七大公民投票規範與實施標準：全國性投票入憲、強制性憲法複決、人民創制、一般之任意性複決、特別之任意性複決、民主制度歸類，及投票數量等，做出創制複決投票系統評比，然而，英國在其評比中因未具全國性投票入憲、強制性憲法複決、人民創制及一般之任意性複決等規範，只具備特別之任意性複決規範，同時，全國性投票數量極少，故只屬於「代表民主制」，表現不佳，但此次英國公投脫歐，確已改變英國過去由國會決定模式，英國直接民主制度藉此得提升爲「半代表民主制」。

一、前　言

英國 2016 年 6 月 23 日以全民公投脫離歐洲聯盟，脫歐派以百分之五十一點九勝出，舉世震驚。究其實，英國向來是主張「議會至上」的內閣制國家，重大的決策蓋均由國會來決定，故傳統以來，英國在全球投票系統之評價僅稱爲「代表民主制」（參下表 7-1）。此次英國以脫歐爲題，不由國會決定，卻由人民投票決定，是否想要改變傳統之國會決策模式？並試圖於全球創制複決投票系統內向上提升爲「半代表民主制」？實耐人

尋味，值得研究。本文主分三部分來探討：一、英國在全球創制複決投票系統評比之分析。二、英國在全球創制複決投票系統之重要性與影響。三、英國此次以公投脫歐對全球創制複決投票系統之衝擊及影響等。

（一）歐洲 19 國比較分析

從表 7-1 得出，鄒格與艾蒙依其七大直接民主規範與實施標準將上述歐洲 19 國劃分出三個等級：1.半直接民主、2.半代表民主、3.代表民主等。此第一至第三等級分別表示不同等級的國家實施直接民主的程度亦不同。

表 7-1　歐洲 19 國創制複決投票系統評比

國家	全國性投票入憲	強制性憲法複決	人民創制	一般之任意性複決[1]	特別之任意性複決[2]	直接民主歸類	全國性投票數量[3]
瑞士	有	有	有[4]	有	有	半直接民主	531
列支敦士登	有	無	有[5]	有	有	半直接民主	85
義大利	有	無	有[6]	有	有	半直接民主	62
愛爾蘭	有	有	無	無	有	半直接民主	29
丹麥	有	有	無	無	有	半直接民主	12
法國	有	有[7]	無	無	有	半代表民主	9
奧地利	有	有[8]	有[9]	無	有	半代表民主	3
西班牙	有	有[10]	有[11]	無	有	半代表民主	3
瑞典	有	無	無	無	有	半代表民主	7
挪威	無	無	無	無	有	半代表民主	6
盧森堡	有	無	無	無	有	半代表民主	4
芬蘭	有	無	無	無	有	半代表民主	3
冰島	有	有[12]	無	無	有	半代表民主	0

表 7-1 歐洲 19 國創制複決投票系統評比（續）

國家	全國性投票入憲	強制性憲法複決	人民創制	一般之任意性複決[1]	特別之任意性複決[2]	直接民主歸類	全國性投票數量[3]
希臘	有	無	無	無	有	半代表民主	0
葡萄牙	有	無	無	無	有	半代表民主	0
比利時	無	無	無	無	有	代表民主	1
英國	**無**	**無**	**無**	**無**	**有**	**代表民主**	**1**
德國	無	無	無	無	無	代表民主	0
荷蘭	無	無	無	無	有	代表民主	1

資料來源：Zogg and Hamon, Centre dEtudes et de documentation sur la démocratie directe, 2006.
註 1：依鄒格與艾蒙之解釋，一般之任意性複決之規範係依憲法的規定，並至少曾施行過一次以上。
註 2：特別之任意性複決亦依憲法之規定，但可從未施行過；亦可憲法並未規定，直接由政府或國會施行。
註 3：各國投票數量之計算係自 2006 年止。
註 4：瑞士憲法人民創制係自 1874 年起；立法人民創制自 2003 年起。
註 5：列支敦士登公國包含了憲法與立法人民創制。
註 6：義大利之請願權對國會不具強制力，故請願無實施投票之必要。
註 7：法國強制性憲法複決意謂憲法修正創制案由國會提出，並經國會兩院同意。
註 8：奧地利強制性憲法複決是在憲法全部修正之情況下進行。
註 9：奧地利之請願權對國會不具強制力，故請願無實施投票之必要。
註 10：西班牙強制性憲法複決意謂憲法全部或部分修正，倘涉及基本原則受到影響時。
註 11：西班牙之請願權對國會不具強制力，故請願無實施投票之必要。
註 12：冰島強制性憲法複決意謂當修憲而改變路德教會之權力時。

1. 第一等級國家

屬半直接民主國家：瑞士、列支敦士登公國、義大利、愛爾蘭、丹麥等，其直接民主規範與實施之程度表現優良，堪稱爲直接民主典範國。

2. 第二等級國家

屬半代表民主國家：法國、奧地利、西班牙、瑞典、挪威、盧森堡、芬蘭、冰島、希臘、葡萄牙等，其直接民主規範與實施之程度表現中等，此等國家仍有待向上提升爲半直接民主國家。

3. 第三等級國家

　　屬代表民主國家：英國、比利時、德國、荷蘭等，其直接民主規範與實施之程度表現不佳，此等國家亦有待先提升爲半代表民主國家，之後再邁進成爲半直接民主國家。

（二）實際情況

1. 代表民主國家

　　如英國、比利時、德國、荷蘭等，主要問題在於其憲法並未規範創制複決投票，全國性投票亦未有規定。但是，實際上，比利時曾於 1950 年針對雷歐伯三世（Léopold III）國王重新掌權執政問題投票；英國曾於 1975 年就續留歐體進行公民投票；荷蘭亦曾於 2005 年對歐洲憲法草案進行複決；此外德國亦規定在領土轉讓之情況下，地方邦（Länder）層級得行使人民投票決定（Hamon, 2006: 2）。

2. 半代表民主國家

　　如以法國之情況言之，法國只要提升舉辦全國性投票之數量，即可升級成爲半直接民主國家（至今爲止，法國全國性公投已達十次，已升級成爲半直接民主國家）[1]。

3. 半直接民主、半代表民主不同於代表民主之處

　　半直接民主、半代表民主最大不同於代表民主之處，在於可減少代表民主之缺失，如半直接民主更能實踐民主，使得直接民主不再只停留在理想境界；而半代表民主，比代表民主更符合眞正的民主，因人民之權限已超越了只有能力選出代表者。

---

[1]　依全球投票系統標準：全國性投票十次以上，得提升直接民主程度。

（三）理論實務之經驗證明

由前述歐洲 19 國相較，分出半直接民主、半代表民主、代表民主三種等級，在現今經驗式民主治理實證中得知，直接民主與代表民主雖能互為行使，並產生互補作用，然如前述直接民主程度（創制複決規範與實施）之提升愈形重要，當能彌補代表民主之不足。現代民主治理之新境界，在於要求世界各國如歐洲經驗般，能相繼提升為半直接民主或半代表民主國家。歐洲 19 國經驗殊值參考，當可做為英國、台灣或其他國家民主治理向上進一步提升之準據。

二、英國在全球創制複決投票系統之重要性與影響

依全球實施創制複決投票之現況，作者研究歸納出三種投票模式（集權式、權力下放式、政黨式），及由瑞士學者威利（Hans-Urs Wili）所提出之六大全國性投票系統（丹麥系統、法國系統、義大利系統、瑞士系統、英式混合系統、拉丁美洲系統），並歸納為三大種類投票模式，及作者自行所研究出東歐系統共七大系統做一相互比較與探討。此三種投票模式與七大全球全國性投票系統相關：「集權式」投票屬於法國系統；「權力下放式」投票屬於瑞士、義大利系統；「政黨式」投票屬於丹麥、英國系統等。

（一）全球三種投票模式

1. 集權式

投票成為人民對領袖信仰之凝聚，以免造成政黨及利益團體分化的危險。此時之創制出自於國家領導人之手，以國家之名號召人民投票，此模式稱之為由上而下「集權式」投票。此模式亦屬法國系統。

2. 權力下放式

投票成為人民團體的一種自發性活動，並經由執政者之意志合力完成投票。此時之創制出自於人民之手，與前述之集權式投票不同，此模式是屬於由下而上「權力下放式」投票。此模式亦屬瑞士、義大利系統。

3. 政黨式

投票成為一種循經驗法則式之投票，通常是在屬代表民主制之系統內，由國會發動創制。此時之創制出自於國會之手，由於國會行使創制投票並無法源之依據，只憑經驗訴諸政黨投票，故此模式屬於經驗性「政黨式」投票。此模式亦屬丹麥、英國系統（Li, 2014: 40-41）。

4. 經驗比較

上述三種投票模式之劃分或許過於簡化，如依事實更進一步來比較同類投票模式實施之國家，可發現如義大利、瑞士兩國，同樣創制係出自於人民之手，然而以人民權力之規範來比較該兩國，顯然義大利所受到的限制要比瑞士來得多。此外，甚多國家由於權力系統混雜，故上述三種模式有可能皆會混合在一起。

（二）全球七大全國性投票系統

由威利所做出的改良型投票系統，甚具參考價值。威氏以公民投票系統做分類，分出六大全國性投票系統。作者進一步研究出東歐系統，共七大系統（如表 7-2）。英國屬英式混合系統，對屬於內閣制的國家及大英國協甚具影響力。

1. 丹麥系統

某些國家實施投票仿傚於丹麥系統，投票得經由國會少數發動，此系統與前述之訴諸於「政黨式」投票相近。由三分之一以上的國會少數提議，便可交付投票，以做為少數制衡多數的利器。

2. 法國系統

某些國家實施投票仿傚於法國系統，投票成為總統之權力工具，投票向來由總統所發動。此系統與前述之「集權式」投票相近。如法國第五共和投票（1961 至 2005 年）十次投票皆由總統所發動。

3. 義大利系統

某些國家實施投票仿傚於義大利系統，投票主要之特色在於創制權得經由國會外之人民團體有限的行使。

4. 瑞士系統

某些國家實施投票仿傚於瑞士系統，投票主要之特色在於創制權得經由國會外之人民團體無限的行使，換言之，創制權屬於人民所擁有。

5. 英式混合系統

某些國家實施投票如大英國協 23 國（如澳洲、紐西蘭等），以設定特定議題做為投票之項目。同例，蘇格蘭已於 2014 年 9 月 18 日舉辦是否獨立之投票；英國亦於 2016 年 6 月 23 日由人民投票決定離開歐盟

6. 拉丁美洲系統

某些拉丁美洲國家如 13 國採行多種系統而成，發動投票皆為自發性，非單一系統性之實施（如阿根廷、玻利維亞、巴西、智利、哥倫比亞、哥斯大黎加、厄瓜多爾、巴拿馬、祕魯、委內瑞拉等）。

7. 東歐系統

某些東歐國家如 19 國於 1990 年代以民主化或革命完成制定或修改新民主憲法（如立陶宛、斯洛維尼亞、拉脫維亞、匈牙利、白俄羅斯、斯洛維尼亞、波蘭、羅馬尼亞、烏克蘭、俄羅斯、克羅埃西亞、摩爾多瓦、愛沙尼亞、保加利亞、馬其頓、阿爾巴尼亞、塞爾維亞、捷克、波西尼亞等），各國對創制複決權之實施，不遺餘力。

8. 經驗比較

表 7-2 針對 132 個國家做投票系統比較，其中因美國屬地方性投票

表 7-2　全球投票系統之分類

特　徵	世界影響力	實施時間 （1971-2005 年）	評　價
丹麥系統： 國會少數反對黨權力（丹麥憲法第 42 條之規定）	採行地區有限： 5 國，如丹麥、愛爾蘭等	35 次（實施極為有限）	維護國會少數權力
法國系統： 總統特權（法國憲法第 3、11、89 條之規定）	35 國仿傚法國系統、14 國類似。 採行地區： 非洲早期殖民地、前蘇聯、阿拉伯土耳其語系國家	98 次（實施有限）	集權式投票
義大利系統： 國會外少數反對黨有限權力。 廢止性投票（義大利憲法第 75 條之規定） 投票限制： 1. 設法定投票人數百分之五十門檻 2. 受憲法法院實質監督 3. 投票不適用範圍（四項）：財政、刑法與大赦、庇護、國際條約	採行地區： 東歐 12 國類似。使用非廢止性投票	128 次（實施良好）	國會外少數反對黨有限權力之保障
瑞士系統： 非國會少數反對黨權力（瑞士憲法第 138-142、163-165、192-194 條之規定）	採行地區： 4 國部分類似（澳洲、列支敦士登公國、密克羅尼西亞、烏拉圭）	395 次（實施極為良好）	由少數決定是否須針對法律或人民創制案投票
英式混合系統： **設定特定議題**	**採行地區：** **大英國協 23 國**	**15 次（實施較少）**	**投票以特定議題為導向**
拉丁美洲系統： 多種系統合成	採行地區： 拉丁美洲 13 國	102 次（自發性，非單一系統性之實施）	不相容系統之混合導致投票可行性降低
東歐系統	東歐 19 國	55 次（實施有限）	採西歐國家投票系統模式。東歐 19 國已成為現代民主國家

資料來源：作者整理。

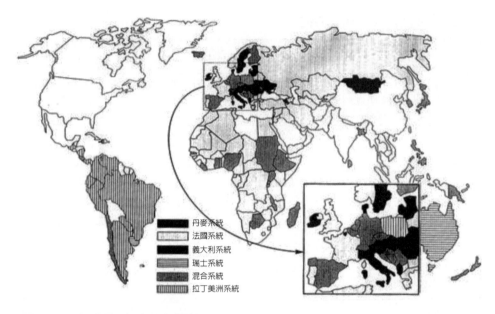

圖 7-1　全球投票系統分類圖

（在其密西西比以西之 25 州推行投票亦頗具特色），然不在表 7-2 之分類內。表 7-2 及圖 7-1 共分出七大系統。大體上，各國投票之規範，均出自於制定規範者本身之手，故對後續投票在實施之成效上，較不易彰顯。再者，在下表 7-2 中可得出採行其投票系統較多之國家，其實施之情況較不頻繁；反之，採行其投票系統較少之國家，其實施之情況較頻繁之結論（Wili, 2006: 26-34）。

三、英國公民投票脫離歐洲聯盟對全球創制複決投票系統之衝擊及影響

　　依英國外交部 2011 年統計，英國共有 6,270 萬人口（包括英格蘭 5,260 萬，威爾斯 300 萬，蘇格蘭 530 萬，北愛爾蘭 180 萬）。移民至英格蘭及威爾斯的人口約 750 萬。全世界以英文為母語的人口約計 3 億 7,500 萬，

占世界第三位（次於中文與西班牙文）。2012 年國內生產毛額 PIB 共計 1 兆 9,320 億歐元，占全球第八位；每人年平均所得 2 萬 8,300 歐元。英國為聯合國安全理事會永久會員國、北大西洋公約組織會員國，現仍為歐洲聯盟會員國。

英國公投脫歐對歐洲聯盟、英國本身、全世界，特別對全球投票系統及台灣等之衝擊及影響甚鉅。分別舉例分析之：

（一）對歐洲聯盟之衝擊及影響

由於歐債危機的影響，鑑於此次英國公投脫歐，各歐盟會員國為之震憾，紛紛有意取法英國，以公投離開歐盟。法國、義大利、希臘、西班牙、葡萄牙等歐陸國家人民皆有意跟進，如英國成功離開歐盟，恐將引發骨牌效應。以法國為例，法國極右派政黨國家陣線（Front national）與極左派共產黨（PC）私下串聯，極力鼓吹法國脫歐，果真如此，筆者認為如法國亦仿英國脫歐，則歐盟將會垮台，歐元區將因此瓦解。同時，英國公投脫歐亦引發歐洲人將此成為茶餘飯後之話題，對歐盟之憂患意識持續擴增。作者曾於法國巴黎進行研究，在 2016 年 10 月 10 日晚間，法國電視第 2 台新聞報導，新聞主播奧利維（Olivier）即席直播訪問英國搖滾天王史汀（Sting），特別提及對英國公投脫歐的看法。史汀答覆，他不贊成英國脫歐，認為英國持續待在歐盟較有利，英國脫歐，對歐盟的損失很大；同時，英國自外於歐洲，將會使英國走向衰敗。

其實，英國與歐盟之關係並不密切，英國欲脫離歐盟亦早有跡象可循，然其最重要之因素仍在於英國政府本身的態度。

1. 英國與歐盟離合之關係

傳統以來，英國除與美國、大英國協會員國及舊有殖民地保持極佳之合作關係外，對於歐盟會員國卻採若即若離之態度，表現得並不積極與友好。從英國過去拒絕建立歐洲聯邦，與歐洲貨幣經濟聯盟對立，拒絕加入

取消內部邊界而成為歐洲區域之申根（Schengen）協定，以及經常對歐盟相關預算表示不滿等，在在顯示英國對歐盟之不積極與保留的態度。

英國歷來唯有兩個階段與歐盟保持合作之穩定關係：一是 1970 至 1974 年保守黨首相西斯（Edward Heath）支持歐洲派，說服英國加入當時之歐洲經濟共同體（EEC）；二是 1997 至 2007 年工黨首相布萊爾（Tony Blair）注入了英國對歐盟之實際投資，並使英國對歐盟扮演了經濟、安全及國防關鍵性之角色。

如何進一步針對英國政府對歐盟持續性的消極態度做解析，實值得探究。毫無疑問的是，英國之傳統文化與政治制度顯然與超國家組織的歐盟格格不入，主要原因在於早期大不列顛王國所建立之國家威望，及英國內閣制所強調之議會主權，對全世界有很深遠之影響，自然就與歐陸國家之政治制度所強調之人民主權，有很大之不同之處。另一方面，今日之歐盟風華不再，雖擴增 28 個會員國齊聚一堂，但因歐債危機之影響，更衍生出由於英國公投脫歐所造成空前之政治認同與信任危機。20 多年來，不少歐洲人與英國人一樣，對歐盟普遍之不信任，造就了反歐盟民粹運動之崛起（Wall, 2008: 55-59）。

究其實，英國公投脫歐之始作俑者為英國前保守黨政府首相卡麥隆（David Cameron），因英國保守黨內大多數之政治人物受柴契爾主義（Margaret Thatcher）之影響，對歐盟之前景不看好、充滿疑慮；另外，主張英國脫歐之英國右派獨立黨[2]（United Kingdom Independence Party, UKIP）之崛起，大大影響了英國政府對歐盟之決策。

（二）對英國本身之衝擊及影響

英國是屬內閣制的國家，是國會兩院制之創始國，上議院是元老

---

[2]　該黨 1993 年成立之初便以使英國脫離歐盟為目標，支持透過舉行公投退出歐盟。不少英國獨立黨支持者是來自原保守黨的疑歐派強硬支持者，要求退出歐盟，並認為保守黨對歐盟的立場並不堅定。

院（House of Lords），下議院則是平民院（House of Commons）。英國的國家政策均出自於上下國會兩院制之決議，稱之爲「西敏寺」（Westminster）決策模式，傳統以來英國強調的是「議主制」。因此，英國鮮少使用屬於「人民主權」的「全民投票」，與歐陸國家的決策模式顯有不同。

此次的公投脫歐改變了英國傳統西敏寺的國會決策模式，對英國本身的內閣制有很大之衝擊及影響，在英國政府治理的系統內民粹主義（Populism）及人民主權的實踐已漸影響英國的決策，國會決策已不再是專利，英國人民自己決定國家未來前途之呼聲也日益高漲。如前部分所述，英國公投多以特定議題取向，與本身國會制度無大關聯。往後，蘇格蘭再度要求以公投尋求獨立，不少觀察家預測未來十年，蘇格蘭必然走上獨立之路。再者，威爾斯及北愛爾蘭均恐因蘇格蘭獨立效應而步上後塵，甚或影響歐洲及全世界國家。未來十年之直接民主，必然是英國新政府所須面臨的新挑戰。

回顧過去，英國全國性公投甚少，只有一次，即 1975 年 6 月 5 日。

1. 英國 1975 年公投所帶來之教訓

1975 年 6 月 5 日英國舉辦是否持續留在歐體之全國性公投，此公投係英國有史以來之第一次，值得研究。

英國舉辦該公投議題如下：「請問您贊成續留歐體嗎？」如此之問題實比「您贊成加入歐體嗎？」更容易回答「贊成」。

英國兩大政黨彼此相互對立，打公投選戰亦表態贊成或反對。但是媒體及財經界卻一致同聲表示對英國續留歐體採支持之態度。

英國打公投選戰亦讓民意能對議題較清楚，依民調顯示，在打公投選戰前，選民大都對英國續留歐體表示反對：1974 年 11 月百分之三十八之選民不贊成英國續留歐體；只有百分之三十一贊成；在打公投選戰後，贊成英國續留歐體的選民已超過半數。同時打公投選戰訴諸贊成之政黨，較具有組織與財團之支持。最後投票之結果，贊成英國續留歐體高達百分之六十五之多，此表示選民支持英國政府續留歐盟，英國政府與會員國磋商

之勝利，亦深獲英國民心。1975 年 6 月 5 日英國舉辦全國性公民投票後，英國加入歐體的事實，始告確立（Butler and Kitzinger, 1976: 17-19）。

　　時至今日，由於英國與歐體情勢之轉變，今日之英國脫歐公投，很難再與當時之公投相提並論。但是，至少透過打公投選戰及公投辯論，民意亦將因此愈辯愈明，選民心中自會產生定見。

2. 英國 1975 年公投辯論之論證

　　支持英國續留歐體之論證，主要是強調經濟利益。英國將可從歐體獲取市場開發基金，尤其是共同農業之開發，以促進英國經濟之成長。英國資本家在打公投選戰時，幾乎皆支持英國留在歐體。親歐工黨人士更提出與大英國協會員國之利益不會因此而改變之說法，工黨將會維護英國自傳統以來所有之世界利益。

　　反對英國續留歐體之論證，主要使用兩種理由：一是強調國家主權之重要，續留歐洲將會危害英國之主權；二是續留歐洲亦會破壞自由，脫離歐洲，英國更能向其他市場購買較便宜之農產品（ibid）。

（三）對全世界之衝擊及影響

　　英國向來是民主開放大國，是洛克（Locke）自由主義的發源地，為世界各國所嚮往，對全世界影響很大。過去英屬殖民地甚多，如今雖大都獨立，然受英國的政治制度影響很深。如前述以英文為母語的人口高達 3 億 7,500 萬，如再加上非英文為母語的人口，幾為全世界之冠；甚至大英國協會員國等，對英國有意改變國會的決策模式，定會紛起傚尤，尤其，屬內閣制的國家，將因此受到英國直接的衝擊及影響。

1. 大英國協國家

　　大英國協是一個國際組織，原由 52 個主權國家（包括屬地）所組成，成員大多為前英國殖民地或者保護國。大英國協元首為伊麗莎白二世女王，同時身兼英國在內的 16 個大英國協王國的國家元首，此 16 國構成了

一個現代版的共主邦聯包括：英國、澳洲、紐西蘭、加拿大、安地卡及巴布達、巴哈馬、巴貝多、貝里斯、格瑞那達、牙買加、巴布亞紐幾內亞、聖克里斯多福與尼維斯、聖露西亞、聖文森及格瑞納丁、索羅門群島、吐瓦番等國。英國女王對大英國協有極大號召之影響。

2. 內閣制國家

實施內閣制國家如英國、愛爾蘭、澳洲、紐西蘭、加拿大、義大利、日本、匈牙利、新加坡、馬來西亞、德國、希臘、西班牙、以色列、波蘭、冰島、挪威、法羅群島、印度、巴基斯坦、拉脫維亞、立陶宛、瑞典、摩納哥、安道爾、斯洛維尼亞、斯洛伐克、捷克、吉爾吉斯、伊拉克、尼泊爾、索馬利亞、衣索匹亞、土耳其、塞爾維亞、蒙特內哥羅、摩爾多瓦、波士尼亞與赫塞哥維納等國家。

英國實施內閣制由來已早，是內閣制之先驅，此次英國以公投方式脫歐，對內閣制國家今後採以公投做決策莫無影響。如日本可望於 2018 年公投修憲，一改過去所有國家政策概由國會所主導之政策決定，與人民做諮商，此舉經作者觀察，即是仿傚英國所致。

（四）對全球投票系統之衝擊及影響

21 世紀是直接民主的新時代，全世界各國全國性之公投有愈來愈增多的趨勢（依作者自行統計從 1792 年至今公投共計 2,269 次）。如前述，英國在全球投票系統內之評比不佳，居於劣勢，係屬於「代表民主制」，不及屬西歐及東歐之「半直接民主制」及「半代表民主制」之國家。代議民主在 21 世紀的今天似已功成身退，取而代之是直接民主時代的來臨。

身為泱泱大國之英國，似有意脫胎換骨，正視代議民主的困境，尤在全球投票系統內，改變英國本身「代表民主制」代議之頹勢，積極開放，採以創制複決投票成為決策系統，提升為「半代表民主制」，之後更進一步躍升為全世界首屈一指之「半直接民主制」。

全球投票系統將因英國本身決策系統之變革，重新再做改良調整。由

於英國大國的影響，全世界的代議制將起身而改變，台灣亦亟需改造；進而走向實際之「半直接民主制」，人民作主的時代不再是遙不可及，而成為新時代之新顯學。

1. 英國脫歐公投後之再發現

作者研究後發現英國對全球投票系統之衝擊及影響甚大，主要是此次英國脫歐公投改變了英國在全球投票系統中之評價與表現（見表 7-3）。

表 7-3　歐洲 19 國創制複決投票系統重新評比

國家	全國性投票入憲	強制性憲法複決	人民創制	一般之任意性複決	特別之任意性複決	直接民主歸類	全國性投票數量
瑞士	有	有	有	有	有	半直接民主	627
列支敦士登	有	無	有	有	有	半直接民主	99
義大利	有	無	有	有	有	半直接民主	72
愛爾蘭	有	有	無	無	有	半直接民主	34
丹麥	有	有	無	無	有	半直接民主	22
法國	有	有	無	無	有	半直接民主	10
冰島	有	有	無	無	有	半直接民主	10
奧地利	有	有	有	無	有	半代表民主	3
西班牙	有	有	有	無	有	半代表民主	3
瑞典	有	無	無	無	有	半代表民主	15
挪威	無	無	無	無	有	半代表民主	6
盧森堡	有	無	無	無	有	半代表民主	8
芬蘭	有	無	無	無	有	半代表民主	4
希臘	有	無	無	無	有	半代表民主	9
葡萄牙	有	無	無	無	有	半代表民主	4
英國	**無**	**無**	**無**	**無**	**有**	**半代表民主**	**3**
比利時	無	無	無	無	有	代表民主	1
德國	無	無	無	無	無	代表民主	0
荷蘭	無	無	無	無	有	代表民主	1

資料來源：作者重新計算西歐 19 國全國性投票數量（自 2017 年 10 月止）。

2. 評　論

　　至今爲止，英國全國性投票數量已增至三次，分別是 1975 年 6 月 5 日續留歐體會員國公投、2011 年 5 月 5 日選制轉換公投，及 2016 年 6 月 23 日脫歐公投等。作者發現英國近五年來全國性公投就有二次，表現突出，而依全球投票系統評比標準，只要全國性投票數量超過三次以上，即可提升直接民主的層次，故英國本身的直接民主制度，得從過去既定之「代表民主」提升爲「半代表民主」。英國此次直接民主系統之提升，對全世界各國均有啓迪、示範之作用。

（五）對台灣之衝擊及影響

　　台灣向來重視「人民主權」，早期孫中山醉心於瑞士直接民主制度，可爲一斑。然直接民主早期並未於大陸實施，政府遷台後亦未完全於台灣實施。雖然，在台灣人民權利意識高漲，但政府卻仍抱持守舊之代議制，特權橫行，滿足於實施「代表民主制」，尤其，無視與背離於現今之全球投票系統之良善普世價值，愈離愈遠。試問：今日之太陽花學運、占領立法院、示威遊行與抗爭不斷，是台灣菁英代議政府所要的假民主嗎？政府並未體察民意，未洞悉如何善用創制複決機制，形成決策系統；政府須身體力行，教導與訓練人民如何行使創制複決權，及善盡資源實施公民投票。如人民感覺自身的權利已獲重視，同時可用投票來表達對政府施政之支持或反對，則今日台灣的示威遊行與抗爭不斷，則將銷聲匿跡，人民自將更加的理性問政，並確保政府施政的品質，更符合人民的期待。

　　台灣可取法於英國，痛定思痛，將台灣創制複決投票系統與全球投票系統接軌，使台灣的「代表民主制」躍升爲「半代表民主制」，他日並進一步提升爲「半直接民主制」，則台灣未來邁入已開發國家之林，指日可待。

　　台灣須與全球投票系統接軌，並具直接民主公投之共識，政黨須極力教育人民，政府更須率先教導訓練人民創制、複決及罷免權之行使。台灣

未來建立直接民主制度甚爲重要，世界趨勢亦同。

四、結　論

　　透過鄒格與艾蒙等所提出半直接民主、半代表民主之直接民主典範治理類型論點，得出許多國家早已實施代表民主與直接民主相混合之制度，半直接民主與半代表民主已成爲現代民主治理下之新顯學。鄒格與艾蒙更以七項標準來評比歐洲 19 國直接民主規範與實施，極具參考價值。由於各國創制複決投票之規範不盡相同，投票實施之程度亦不一，故劃分成半直接民主、半代表民主、代表民主等三種不同等級之國家。英國早期在其評比中因未具全國性投票入憲、無強制性憲法複決、無人民創制及無一般之任意性複決，只具備特別之任意性複決規範，同時，全國性投票數量極少，故只屬於「代表民主制」，表現不佳。然英國近年所實施之公投如公投脫歐，實已改變了英國政府決策模式，更提升了英國本身傳統之代表式民主制度，朝向半代表民主制度發展。

　　依全球實施創制複決投票之現況，作者研究出三種投票模式及威利與作者所舉出之七大全國性投票系統，尤其，東歐國家所建立之系統，符合國際標準，頗受矚目。英國屬英式混合系統，近期英國以公投方式脫歐，對屬於全世界內閣制的國家及大英國協甚具示範作用。

　　英國公投脫歐對歐盟、英國本身、全世界，特別對全球投票系統及台灣等之衝擊及影響甚大。「他山之石，可以攻錯」，全球投票系統及實施公投（創制複決）之經驗，值得借鏡。

第二節
英國脫離歐洲聯盟之政治分析

　　眾所皆知，英國是歐盟頑強的搭檔，英國在心不甘情不願下加入歐體。

　　英國加入歐體成為會員國的時間為 1973 年 1 月 1 日，其加入的時程甚遲，約於羅馬條約簽訂建立歐體後之十六年，英國那時的國力與歐陸國家相較，呈現弱勢，政經情勢出現走下坡的局面。由於英國傳統之國家政策及英政府所持對布魯塞爾頑強抵抗態度之影響，導致於英國對於歐體整合之相關重要法案，及與歐陸國家之民意一直產生消極與分歧之情況。英國於 1970 年代因此被冠上「頑強搭檔」之封號，此封號尤其在保守黨柴契爾夫人與梅傑主政時更加突顯，由於渠等反對經濟貨幣聯盟（EMU）與政治聯盟，使得英國與歐洲之關係愈離愈遠。唯工黨執政時之布萊爾才意圖改弦更張英國的傳統，確立了與歐體較正面之結盟關係。

一、關鍵時期：1945 至 1975 年

　　第二次世界大戰後的英國與歐陸國家有很大的不同之處：抵抗德國侵略之戰勝國，與美國、殖民地成為盟國，當時因戰爭所帶來之財政破壞，引發了各國經濟之衰敗。然而，當時戰後英國的領導人邱吉爾（Winston Churchill）、工黨首相阿特里（Clement Attlee）及外長貝溫（Ernest Bevin），將英國戰後整頓成為世界強國；而英國鄰國之歐陸國家卻慘遭大戰破壞與蹂躪。對英國政府來說，冷戰初期，在軍事方面，西歐須強化安全，同時須藉助於美國之軍事援助；在經濟方面，西歐之發展須輔之以府際合作，而非 1950 年起歐洲所開啟的聯邦模式之整合（Baker and Seawright, 1998: 15-26）。

（一）英國與歐洲整合之關係

1.英國對歐洲整合的態度

　　英國政府向來對歐洲整合採以消極之態度。1950 年有關成立歐洲煤鋼共同體及歐體國防計畫，係由法國領導人、歐體理事會主席布烈文（René Pléven）及外交部長舒曼（Robert Schuman）所推動，旨在促進法國與西德之合作關係。同年 5 月 9 日舒曼發表宣言，主張各會員國共同成立一專責機構，致力於煤鋼工業之開採。布烈文計畫亦建議創立歐洲軍隊，屬歐體所擁有，並由北大西洋公約組織統帥負責監督，該計畫允許德國日後建軍及擴充軍備。此兩大計畫，除法國、德國外，並邀義大利、比利時、荷蘭、盧森堡及英國共同參與，唯獨英國未出席，同時英國不對該兩項計畫表示意見。

　　英國工黨執政之阿特里政府卻不反對歐洲區域合作，重建歐洲經濟，及為防堵東歐共產陣營之滲透，特加強西歐之安全等。英國在其領導下，於歐洲經濟合作組織扮演甚為積極之角色，該組織成立於 1948 年，透過馬歇爾（Marchall）美國對西歐經濟援助之計畫，做府際間經費借貸之分配。1948 年英國、法國、比利時、荷蘭、盧森堡等國，共同簽定布魯塞爾條約，此為北大西洋公約組織[3]（NATO）創立前，第一個歐洲集體防禦之條約。英國更為西歐聯盟催生，最後終於於 1954 年成立，但英國不贊成歐洲未來走聯邦模式，亦不派代表出席海牙歐州聯邦大會。惟只有當時英國反對黨領袖邱吉爾出席，並發表著名演說（節譯如後），渠卻贊成歐洲成立聯邦之構想。

　　綜觀英國阿特里政府對上述兩項計畫採原則同意，然實際上並不參與，英國基於主權考慮，不同意歐洲走聯邦制；同時拒絕英國軍隊加入歐

---

[3]　1949 年 4 月 4 日，美國、加拿大、比利時、法國、盧森堡、荷蘭、英國、丹麥、挪威、冰島、葡萄牙和義大利在華盛頓簽署了北大西洋公約，決定成立北大西洋公約組織，同年 8 月 24 日各國完成批准手續，該組織正式成立。希臘、土耳其於 1952 年 2 月 18 日、德國於 1955 年 5 月 6 日、西班牙於 1982 年正式加入該組織。

洲行列，鑑於英國國家軍隊已布署於全世界（地中海、亞洲、非洲等）。

英國早期對歐洲煤鋼共同體之態度亦十分曖昧，一方面贊成以國家經營方式共同開採之，另一方面英國國會議員卻強力抨擊歐洲煤鋼共同體被德法兩國所獨占。最後英國放棄成為原始會員國，同時法國國會亦投票否決英國加入，故 1951 年當時所成立的歐洲煤鋼共同體原始會員國為西德、法國、義大利，比利時、荷蘭、盧森堡等國。同樣地，英國亦放棄參與歐洲國防共同體。

1951 年英國保守黨重新執掌政權，邱吉爾再度出任唐寧街 10 號首相，但是英國政府仍不改變對歐體消極之態度，當六個原創始國於 1955 年於義大利集會商討籌組歐洲關稅聯盟之時，英國卻只指派其工業部官員以觀察員身分出席，然後將與會經過報回倫敦。當時英國認為這場會議似必只有德法兩國主導，然後簽定關稅協定；至於自由貿易與關稅聯盟確立共同稅率問題，英國持較保留態度，不願參與，主要是英國當時考慮它們與大英國協會員國的商業關係較為重要。最後於 1957 年 3 月 25 日，歐洲煤鋼共同體六原創始會員國簽定羅馬條約，建立歐洲經濟共同體（EEC），英國並非是原創始會員國之一（ibid）。

2. 邱吉爾海牙著名演說（節譯）：於 1948 年 5 月 7 日於荷蘭海牙聯邦大會時發表

「我們為避免災禍之發生，須共同宣布忘記過去之仇恨，撫平國恨及報復之心，讓國家藩籬漸行屏除，以免障礙日漸惡化而分化我們，此時我們得以重享屬於我們之文學、小說、道德、思想、寬容等榮耀，並成為歐洲真正之遺產。這樣的豐富寶藏，我們差點將之丟棄不顧，淪為對立、瘋狂、掀起可怕之戰爭、更因戰爭及暴政所導致的暴行，我們應予終止。今天歐洲聯邦大會於荷蘭集會，意義非凡，荷蘭與鄰近比利時、盧森堡同屬西歐三國（Benelux）[4]，它們已提供給我們了一個開創歐洲大道之新模式。

4　比荷盧經濟聯盟（又稱比荷盧聯盟，也經常稱呼為荷比盧）是由三個相鄰的君主立憲西歐國家：荷蘭、比利時和盧森堡組成的經濟聯盟，為低地國。原名 Benelux 是一混合詞，由三國的名稱首二至三個字母所組成。

　　促進歐洲統合所開展之相關結盟，應屬正確的方向，毋庸置疑，並藉此可吸取我們共同的精神、感情、力量等價值。民主的信念建立於道德信仰，堅毅不拔並勇於完成使命。歐洲未來發展之核心價值是人權憲章，以自由、法律保障之。我們不能將經濟、國防及政治問題分開，需要互相援助不僅在經濟領域，亦要組成共同的軍事國防組織，將之建立在緊密政治聯盟之相關計畫中。有人覺得歐洲整合將會導致國家主權喪失，我卻認為所有國家應漸漸接受超國家之概念，此將更能確保它們不同的傳統習慣、國家特徵及傳統，並藉此讓極權、納粹、法西斯及共產政權消失。」[5]

3. 選擇性之歐洲自由貿易聯盟（EFTA）計畫

　　英國保守黨艾登（Antony Eden）政府，及麥克蜜勒（Harold Macmillan）政府，皆插手於歐洲自由貿易聯盟（請參 4. 何謂「歐洲自由貿易聯盟」？）與當時非歐洲經濟共同體會員國如奧地利、丹麥、挪威、瑞典、瑞士、葡萄牙等合作，以便於同時保持與大英國協會員國[6]之關係。該聯盟成立於 1960 年 1 月，然對英國來說，卻立即遭遇到瓶頸，主要因素在於市場過於侷限，會員國經濟停滯不前，未見起色，及無法滿足英國的工業與技術輸出等。然而，與當時的歐洲經濟共同體會員國相較，顯然有相當之差別，例如法國、西德及義大利，因受共同市場的成立之賜，貿易與經濟成長快速，獲得甚大經濟利益，工業生產皆超過於英國（1960 年法國提升至百分之八，英國只有百分之二點四，及西德亦有百分之六之多）。

5　資料來源：www.cvce.eu。

6　大英國協（英語：Commonwealth of Nations）是一個國際組織，由 52 個主權國家（包括屬地）所組成，成員大多為前英國殖民地或者保護國。大英國協元首為伊麗莎白二世女王，同時身兼包括英國在內的 16 個大英國協王國的國家元首，此 16 國構成了一個現代版的共主邦聯。基於其歷史淵源，雖然其正式名稱直譯是「國家聯邦」，漢語中一般仍稱為「英聯邦」（中國大陸、港澳）或「大英國協」（台灣）或「共和聯邦」（新馬地區）。英語裡，一般通稱為「the Commonwealth」（「聯邦」），此外在非大英國協國家亦稱為「British Commonwealth」（「不列顛聯邦」），用以區分世界其他聯邦或邦聯。成立時間是 1949 年，以「倫敦宣言」為主要依據。

4. 何謂「歐洲自由貿易聯盟」？

歐洲自由貿易聯盟（European Free Trade Association, EFTA）是歐洲一個促進貿易的組織，組織於 1960 年 5 月 3 日成立。當時參加的成員國包括英國、葡萄牙、瑞士、奧地利、丹麥、瑞典及挪威。

歐洲自由貿易聯盟會議於 1960 年 1 月 4 日於瑞典首都斯德哥爾摩舉行，參與的國家包括上述七個國家，並合稱為「外七國」。時至今天，聯盟只餘下挪威、冰島、瑞士及列支敦士登，其中只有挪威和瑞士是創會國。現在斯德哥爾摩會議已經由瓦都茲會議所取代。

這個會議給予成員國更進一步的貿易自由，其中三個國家都加入了歐洲經濟區，與歐盟有更大的合作機遇。而歐洲自由貿易聯盟當中只有瑞士並未加入歐洲經濟區，原因是公投被瑞士公民否決。瑞士另外透過瑞士—歐盟雙邊協議參與歐洲單一市場。

芬蘭亦於 1961 年加入成為準會員國（1986 年成為正式會員），以及冰島於 1970 年亦加入了聯盟。可是，英國及丹麥於 1973 年加入歐洲共同體，因而退出了聯盟。葡萄牙亦於 1986 年正式退出聯盟並加入歐洲共同體，列支敦士登於 1991 年加入聯盟。而後 1995 年，奧地利、芬蘭和瑞典都退出了聯盟並且加入歐盟。

歐洲煤鋼共同體成立時，歐洲各國曾經好意邀請，希望英國能加入組織。可是，由於英國人自恃有大英國協國家及美國的貿易支持，加上認為會失去主權及控制國內經濟的權利，最後就表明沒有打算參加。幾年後，歐洲煤鋼共同體重組成歐洲經濟共同體，經濟發展非常迅速，亦從二次大戰中的陰影走出來。英國隨後看到了歐洲重建的好處，不過依然不願配合煤鋼共同體的政策，遂自起爐灶，唯有與葡萄牙、瑞士、奧地利、丹麥、瑞典及挪威共同成立歐洲自由貿易聯盟，希望可以得到和歐洲經濟共同體一樣的成果，可是卻始終未如人意，該組織實在比不上歐洲六國所成立的 EEC，ETFA 對比 EEC 下歐洲的強大實力還有所距離。英國只好於 1961 年同其他 EFTA 中的四國（英國、丹麥、愛爾蘭、挪威）申請加入歐洲經濟共同體（EEC），可是法國總統戴高樂認為英國的加入等於其盟友美國暗

自下指導棋，會影響法國在組織中的領導地位，加上心中也不滿英國曾經反口卻還能加入，從而在 1963 年拒絕英國人的加入意願。1967 年四國再次申請，此時英國還未放棄其一貫置身於歐洲以外的外交策略，又被法國總統戴高樂拒絕。直至 1973 年英國、愛爾蘭、丹麥才成功加入 EEC，挪威也被允許加入 EEC，但是在 1972 年的公投中，民意顯示挪威不願加入 EEC（ibid）。

歐洲自由貿易聯盟的總部位於瑞士日內瓦。聯盟的監察部門則位於非會員國比利時布魯塞爾（歐盟總部亦是位於布魯塞爾），而聯盟的法庭則與歐洲法院一樣位於盧森堡。

葡萄牙基金於 1975 年創立，當時葡萄牙還是歐洲自由貿易聯盟的成員國。該聯盟會向所有葡萄牙前殖民地提供金錢援助，支持國家的發展。當葡萄牙退出聯盟後，聯盟決定繼續援助，令所有葡萄牙前殖民地繼續受益。基金由聯盟成員國以低息貸款 100 萬美元予葡萄牙以支持其援助。原本應該於 1988 年還款，但後來延至 1998 年。現在基金已經停止運作。

（二）英國政策轉向歐體（1960 年代）

1960 年起，英國對歐體改採實務政策，令人頗感驚訝。究其實，在經濟方面，英國察覺出歐體會員國經濟成長快速，遠超過英國本身，故有意加入歐體；在政治方面，基於國家主權，英國反對歐洲建立聯邦，然而聯邦主義的構想，出自於歐體原始會員國之政策決定，被稱之為介於美國、蘇俄間之第三條路。因此如英國欲加入歐體，純係經濟利益考量，但如仍反對歐洲建立聯邦，則恐難加入，甚至因而將遭受當時法國總統戴高樂於 1958 年重掌政權之杯葛；在國防戰略方面，英國仍視北大西洋公約組織[7]

---

[7] 北大西洋公約組織（英語：North Atlantic Treaty Organization，縮寫為 NATO；法語：Organisation du Traité de l'Atlantique Nord，縮寫為 OTAN），簡稱北約組織或北約，是一個為實現防衛協定而建立的國際組織。1949 年 3 月 18 日，美國、英國及法國公開建立北大西洋公約組織，於同年 4 月 4 日在美國華盛頓簽署《北大西洋公約》後正式

為第一要務。

從 1957 年起，英國保守黨首相麥克蜜勒獲內閣之同意，為英國於 1963 年加入歐體，與歐體展開協商。英國政府當時並通過了歐體關稅聯盟政策。

1. 1963 年戴高樂拒絕英國加入歐體

在英國開始為加入歐體進行協商之時，1963 年 1 月法國戴高樂總統公開於記者會宣布拒絕英國加入歐體（蘇宏達，2011：68-71），其餘會員國亦皆表示同意。拒絕英國加入歐體最主要之理由是英國與美國太過於友好，英國曾於 1962 年 12 月在巴哈馬簽定美國運送於當地核子彈。眾所皆知戴高樂在英國簽定此核彈協定時，就已決定否決英國加入歐體（Peyrefitte, 1994: 346-347），同時，法國在歐體的領導地位甚為重要，因此戴高樂所做的決定即代表歐體的決定。

戴高樂否決英國加入歐體之決定是英國外交的一次重大挫敗。當時英國民意的反應顯示：願意加入歐體之聲浪相當高，從 1960 年開始，大約百分之五十至五十五之英國人民支持英國加入歐體（Commission européenne, 2013: 1-12）。

2. 1967 年英國第二次嘗試加入歐體亦失敗

1964 年英國國會選舉，保守黨挫敗，工黨勝利。工黨黨魁威爾遜重奪首相寶座，渠公開發表聲明：由於情勢轉變，拒絕英國再度申請加入歐體。但是，至 1967 年，不到三年，威爾遜政府卻提出加入歐體之申請（Parr, 2005: 6-11）。

英國重新申請加入歐體仍是以經濟之理由為先，但仍有選舉之政治因

成立。為與以前蘇聯為首的東歐集團國成員相抗衡。及至蘇聯解體，華沙條約組織宣告解散，北約就成為一個地區性防衛協定組織。北約的最高決策機構是北約理事會。理事會由成員國國家元首及政府高層、外長、國防部長組成。總部設在比利時布魯塞爾。最新成員蒙特內哥羅於 2017 年 6 月 5 日加入，至此北約總共有跨域歐洲和北美的 29 個國家組成。北約軍事開支占世界國防開支的百分之七十，成員國國防開支占該國 GDP 的百分之二左右。

素考量，當時威爾遜首相於 1964 至 1966 年執政期間，只獲取勉強之國會多數，故不考慮大張旗鼓改變與歐盟之政策，以免黨內遭致分化之虞。然而，在此時期，英國之經濟正持續惡化中，帳目赤字持續虧空，傳統工業面臨倒閉之困境，礦產、汽車、造船事業等正走下坡。極明顯的是，英國當時的工業缺乏競爭力，況且，英國須支付約國民生產毛額之百分之七之軍事開支。

1966 年英國重新國會選舉後，威爾遜首相方獲得較穩定之國會多數，此時英國政府一方面冀望英鎊大幅貶值，藉以重振工商業；另一方面，藉機重新加入歐體，向歐洲爭取英國本身之經濟利益。威氏提出此想法，獲內閣大臣如布朗（George Brown）、眞金斯（Roy Jenkins）之支持，他們主張向法國斡旋，盼說服法國戴高樂總統支持英國加入歐體（Menon、Wright, 1998: 46-66）。

1967 年 5 月，英國政府公開提出再度加入歐體之申請，威爾遜首相 6 月啓程赴巴黎，希望能徵得法國的同意，支持英國加入歐體。然而，法國總統戴高樂於 9 月 27 日召開記者會表示：他再度拒絕英國加入歐體，英國的海島國之經濟與歐洲大陸共同市場的經濟是不相容的，況英國並不支持歐洲的整合，如英國欲加入歐體，將會使現行的歐洲自由貿易區更加侷限。戴高樂之再度拒絕英國加入歐體，實給威爾遜一次重大之打擊。威氏仍須繼續做出英鎊貶值政策，以挽救英國本身之工商業，同時關閉蘇伊士東岸與亞洲所有之軍事基地，藉以平衡英國當時之經濟赤字預算（Geddes, 2013: 37-40）。

（三）如何排除英國欲加入歐盟之障礙？

英國工黨威爾遜政府在執政期間內，欲加入歐體，但遭歐體創始國之一的法國表態反對，使得當時英國政府面臨挫敗；另一方面，英國的經濟亮起紅燈，停滯不前、發展有限，導致通貨膨脹持續增高。由於法國戴高樂總統阻礙了英國加入歐體的計畫，故英國仍須等待良機，排除障礙。

1. 法國戴高樂退出政壇

1969 年法國戴高樂總統辭去職務，龐畢度（Georges Pompidou）順利當選總統，對於英國加入歐體，龐氏並無如戴高樂般對英國具如此深之成見，反而，他認為英國加入歐體有益歐洲整合，在經濟方面並能與西德分庭抗禮，產生平衡作用。法國政府樂於英國加入歐體，此時歐體正進行大幅調整共同預算時刻，尤其在進口業方面，做共同比例分配，法國期待英國能對歐洲預算做更大之援助，因為英國是歐洲所有會員國最大之進口國，特別是冀望英國對歐洲共同農業之資助。

2. 英國親歐派保守黨政府重新掌權

1970 年 6 月英國進行選舉，工黨挫敗，保守黨贏得大選，重返執政。當時首相西斯曾公開強調將會與歐體 6 會員國進行協商，以爭取英國加入歐體。尤其，西氏在執政初期，曾利用媒體廣告表明願承擔英國未來加入歐體之責任；在競選之政見亦舉出英國加入歐體是其當選後之第一要務。然而，由於 1967 年英國欲加入歐體卻遭否決，故英國當時之民意反應並不熱衷，反而是已冷淡了許多。

3. 英國協商加入歐盟終於成功

1970 年對英國來說，加入歐體之機會顯示一片大好。英國政府積極展開入歐體之協商，尤其協商之重點著重於英國願意提供歐體共同預算之援助，特別是歐洲共同農業政策及大英國協農業方面。

歐體在共同農業政策方面所定出之農業生產價格，與英國本身的價格差距頗大，英國須因此調整對消費者之價格。由於歐陸會員國之農業生產量超出英國甚多，故英國得到歐體之農業資助較少，反而須承擔較多之共同農業預算義務，此為英國保守黨西斯政府，為求加入歐盟不得不做之犧牲。

1970 年歐體之預算改革獲通過，要求徵收會員國之附加稅（AVT）及源自第三國之農產品關稅，以增加歐體本身之稅收。英國進口相當多此類之農產品，日後加入歐體須以會員國之名課稅。至於英國與大英國協會員

國之商業合作關係，開始縮減：1950 年代，約占百分之四十之英國商業總
值；1960 年代只占百分之二十五；如此縮減與大英國協之商業合作關係，
方能彌補英國加入歐體課關稅之損失。

　　1971 年 5 月，英國首相西斯與法國總統龐畢度會面，解決了英國加
入歐體所有之難題，英政府隨後提出加入歐體之申請。在英國國會西敏寺
投票通過，及歐體會員國批准後，英國正式與愛爾蘭、丹麥，於 1973 年
1 月 1 日加入歐洲經濟共同體（Baker and Seawright, 1998: 22-25）。

4. 總結：英國加入歐體較晚之主因與結果

　　英國加入歐體甚晚，於 1973 年方才加入，它錯失了 1960 年代歐體整
合所帶來之經濟利益，同時法國戴高樂總統有意阻撓英國兩次之加入，使
得英國當時之經濟發展受到相當之嚴重影響。

　　英國無法及時加入歐體，故自然不能享有與歐陸國家同樣的經濟發展
所帶來之利益，同時，英國亦不能影響整體之歐體制度，符合英國本身
之利益。相反地，法國因而建立了歐體預算及共同農業政策，均皆符合
法國之國家利益。而英國於 1960 年代面臨經濟衰落及國防赤字影響，於
1970 年代因兩次石油危機，使得英國之社會衝突與通貨膨脹相形惡化。

　　英國加入歐體後，並未帶來立即之經濟改善，英國民意因而緊盯著政
府，冀望政府能有實際之新作為。

（四）調停時刻

1. 英國加入歐體遭受當時在野黨工黨抨擊

　　英國加入歐體雖經英國國會投票通過，事實上，當時英國反對黨領袖
威爾遜開出條件：首先，保守黨西斯政府繼續與歐盟會員國磋商加入後續
事宜，另一方面，舉行全國公投向英國人民徵詢是否同意英國加入歐體？
此為一種政治戰術運用，為了討好當時反對英國加入歐盟之反對派人士。
同樣地，經三十年後，現卡麥隆首相運用同樣策略，以公投訴諸人民是否

脫歐為由，為求黨內反對派能有所滿意。以政治之角度言之，訴諸公投變成了政治工具，透過全民公投，以掩蓋國會政黨成員對英國加入歐體所持分歧對立之立場。

2. 工黨執政訴諸公投

1974 年英國工黨贏得大選，威爾遜首相開始推動英國加入歐盟之全國性公投，同時，他指派外部大臣卡拉根（James Callaghan）持續與歐盟會員國磋商。首先，英國政府於隆美會議與大英國協會員國簽訂協議，取消該開發中國家 46 國農產品關稅，同時，英國加強對該等國家之援助。關稅取消後，這些國家將因而受惠，將更容易將各自之農產品銷往英國及歐洲市場。對於歐體之相關政策言之，英國需大量的分攤共同預算與資助金，前西斯政府預估英國直至 1980 年初期，須分攤歐體所有預算之百分之二十。然而，英國當時之國內生產毛額只占歐體 6 會員國之百分之十六，各會員國於是於 1975 年在都柏林所召開之歐洲理事會，經執委會提出建議案，同意英國得分攤不超過英國國內生產毛額百分之十六之預算。威爾遜首相之後向英國人民公開宣示與歐體磋商勝利，同時舉辦英國是否繼續成為歐體會員國之全國性公投，威氏並希望英國人民能投下贊成票（ibid）。

二、英國搭檔之矛盾：1975 至 1997 年

的確，英國已於 1973 年解決加入歐體之大問題，同時於 1975 年獲正式加入。但是，隨之而來之歲月，英國參與歐體甚為不積極，予人以「矛盾搭檔」、「頑強搭檔」不佳之形象。英國針對歐體新整合之建議案，往往採較不支持之態度，如此之情況，經常發生在 1970 年代，在威爾遜、卡拉登首相執政期，尤其是在柴契爾夫人與梅傑執政期，更有過之而不及，鐵娘子予人有「反歐洲娘子」之封號。

表 7-4　英國與歐體整合大事紀

時間	大事紀
1950 年 5 月 9 日	舒曼宣言
1951 年 4 月 18 日	歐洲煤鋼共同體條約之簽訂，英國未加入
1957 年 3 月 25 日	歐洲經濟共同體與歐洲原子能共同體之簽訂
1961 年 8 月 10 日	英國第一次申請加入歐體
1962 年 7 月 30 日	歐洲同農業政策之訂定
1963 年 1 月 14 日	戴高樂第一次否決英國加入歐體
1966 年 11 月	英國首相威爾遜宣布重新申請加入歐體之意願
1967 年 11 月 27 日	法國第二次否決英國加入歐體
1973 年 1 月 1 日	英國、愛爾蘭、丹麥加入歐體
1975 年 6 月 6 日	英國公投續留歐盟：百分之六十七點二同意
1979 年 6 月 7-10 日	歐洲議會第一次普選
1984 年 6 月 26 日	同意英國降低歐體預算
1986 年 2 月 17-28 日	簽訂歐洲單一法案條約
1988 年 9 月 20 日	英國首相柴契爾夫人於比利時以歐洲為題之演說
1990 年 10 月	英國英鎊加入歐洲貨幣聯盟
1992 年 2 月 7 日	簽訂馬斯垂克條約
1992 年 9 月 16 日	英鎊狂跌（黑色星期三）
1996 年 3 月	「狂牛病」爆發及歐洲執委會之政治危機
1997 年 6 月 17 日	簽訂阿姆斯特丹條約
1998 年 12 月 4 日	英法於法國聖馬羅召開高峰會議
2001 年 2 月 26 日	簽訂尼斯條約
2002 年 1 月 1 日	歐元紙鈔、錢幣之發布
2004 年 4 月 20 日	英國首相布萊爾宣布舉辦歐洲憲法草案公投
2004 年 5 月 1 日	東歐 10 國加入歐盟
2004 年 10 月 29 日	於羅馬簽訂歐洲憲法條約
2005 年 5 月 29 日及 6 月 1 日	法國、荷蘭以公投否決歐洲憲法條約

表 7-4　英國與歐體整合大事紀（續）

時間	大事紀
2007 年 1 月 1 日	保加利亞、羅馬尼亞加入歐盟
2007 年 12 月 13 日	簽訂里斯本條約
2008 年 7 月 17 日	英國國會批准里斯本條約
2008 年 9 月	雷曼兄弟銀行破產
2009 年 4 月 2 日	G20 於倫敦召開高峰會議
2010 年 5 月 12 日	英國保守黨與自由民主黨同意組聯合政府
2011 年 3 月 8 日	英國將舉辦涉及主權讓渡歐盟法案之公投
2011 年 10 月 24 日	英國下議院投票針對英國是否續留歐盟以公投決定。投票結果為反對，唯 81 位保守黨國會議員投票贊成
2011 年 12 月 9 日	英國首相卡麥隆於歐洲理事會否決歐洲貨幣聯盟穩定、協調、治理條約草案
2012 年 7 月 12 日	英國政府提出對歐盟權限之審計
2012 年 10 月 31 日	英國卡麥隆政府於下議院提歐洲預算首遭失敗
2012 年 12 月 6 日	2014 至 2020 年歐洲預算獲通過
2013 年 1 月 23 日	英國首相卡麥隆於倫敦發表以歐洲為題之演說

資料來源：作者自行整理。

（一）英國工黨政府（1975 至 1979 年）對歐體採以混沌與不支持之態度

1. 英國首要關注是經濟社會議題

　　1976 年 3 月威爾遜辭去英國首相職務，並宣布離開政壇，繼任者為卡拉登，續留任於唐寧街 10 號至 1979 年。

　　1970 年代英國之經濟甚為混亂，曾被形容 14 世紀中期「歐洲瘋子」之鄂圖曼帝國稱號，再度封給了英國。英國當時之國內情勢正面臨經濟社會惡化之局面。

　　(1)社會情勢動盪不安：多數工人以提高薪資為訴求，發動集體大規

模罷工示威。當時在英國所造成之社會危機於 1978 至 1979 年末已達至巔峰期，那時之工人罷工被稱爲「憤憤不平之嚴多」（The Winter of Discontent），罷工嚴重之程度幾占所有之經濟事業，並以集體斷電的方式發動大罷工。

(2)工作生產力嚴重下滑：1970 年代，每年只有百分之一之成長；而 1980 年代卻達至百分之三點五。

(3)英鎊之走跌疲軟及預算赤字不斷增高：導致英國政府於 1976 年向國際貨幣基金會借貸 40 億英鎊，已做爲恢復經濟成長之用。

(4)經濟成長持續低迷：1970 年代，只有百分之零至二之經濟成長。

(5)通貨膨脹率居高不下：1975 年衝至百分之三十之數字（ibid）。

對英國首相卡拉登言之，英國與歐體之關係，並非是首要關切之議題，而是英國傳統之世界議題。他主張與世界合作，尤其加強與美國之合作關係，以解決 1971 年布列敦貨幣（Bretton Woods）協定後所產生不穩定之貨幣危機，而非是以處理歐洲貨幣政策爲第一要務。

然而，在卡拉登執政三年期間，兩項屬於歐洲之大問題，須加以處理：一是歐洲議會之普選，歐體成員國須提名代表；二是歐洲貨幣制度之建立。

2. 英國對歐洲加速政治與貨幣整合採保留之態度

歐洲議會議員採普選方式產生之依據，來自於歐體羅馬條約之規定，然而，直至 1974 年仍未實施，歐洲議員直選卻已被各會員國元首及政府首長所接受，同樣地，英國前首相威爾遜亦贊成。各會員國國會須透過立法程序，通過歐洲議會選舉於 1978 年舉行，但是，英國之反歐派，尤其是工黨之內部，看到歐體正形成聯邦之趨勢，持以反對的態度，故英國國會提出質疑，不願完成歐洲議員選舉會員國立法之工作，當時首相卡拉登延遲至 1977 年 6 月才於國會提出相關法案，並於該法案附帶提出採比例代表制之選舉方式，以滿足於當時英國國會主張比例代表制之自由派人士，此法案後經國會否決，因爲當時部分工黨與保守黨議員不贊成比例代

表制，由於英國無法通過立法，因此，歐洲議員選舉無法如期於 1978 年舉行。最後法案通過，首次歐洲議員選舉方得於 1979 年 6 月舉行，當時保守黨獲取百分之五十一席次勝利，工黨只獲得百分之三十三席次。

歐洲貨幣制度（EMS）計畫源自於德法兩國所提出之構想，領銜代表人為西德總理施密特與法國總統季斯卡。那時德國意圖抑止馬克之過度升值，法國亦希望維持匯率之穩定；唯獨英國在其首相卡拉登主導下，卻只顧及國際貨幣基金會（IMF）之貨幣調節政策，無視於當時德法所提出之歐洲貨幣計畫，卡氏並得到反對黨工黨之支持，抵制德法，最後英國政府不參加歐洲貨幣計畫（ibid）。

3. 英國卡拉登首相卻支持與歐盟會員國府際關係之擴展

雖然英國卡拉登政府對歐體的建立採以混沌之態度，但畢竟依過去英國不合作之慣例，卡氏卻較傾向與歐體建立府際間之合作關係，例如與歐洲政治合作關係，他並支持希臘加入歐體成為會員國。

（二）柴契爾夫人與歐洲（1979 至 1990 年）：柴氏之疑歐主義

英國鐵娘子柴契爾夫人因反對歐體建立，被公認為是排歐之一大政治人物。渠曾大肆主張國家主義、反歐洲主義及反聯邦主義，因而在英國早已形成一股疑歐派勢力。由是之故，卻讓人很快忘記柴氏於 1980 年代中期為歐體之發展所做出之貢獻。

柴契爾夫人在其執政十一年期間，對歐盟之建立可謂不無影響：

1. 1979 至 1984 年間，柴契爾首相介入對歐盟預算之調停，使得當時預算獲致順利通過，不致產生危機。

2. 1984 至 1987 年間，柴氏亦主導了歐洲單一法案。

3. 1980 年代末期歐洲普遍掀起對歐洲貨幣聯盟、政治聯盟、社會政策之爭論，柴契爾夫人為此感到憂心，特公開發表演說對歐盟之發展持保留

之態度，尤其渠於 1988 年 9 月 20 日於比利時布基（Bruges）之演說，闡明了對歐盟未來之關注（演說文摘要如後）。

1. 英國對歐洲之消極態度

如過去英國首相西斯與威爾遜一般，英國對歐洲預算之貢獻可說是顯的微乎其微，主要原因在於當時歐洲各國的經濟情況不佳，卻非得由英國提供預算資助，讓英國感覺苦惱。當時的歐洲預算主分成兩部分：各國家附加價值稅（TVA）所得之百分之一須上繳給歐體，及徵收進口關稅。

1979 年 11 月歐洲部長理事會召開，歐洲執委會曾建議修改於 1975 年由英國所倡議之減少歐體預算，然而當時英國首相柴契爾夫人卻不聽該建議，持續更減少為數十億英鎊的資助（比 1975 年更加減少，1975 年所減少的金額為 3 億 7,500 萬英鎊）。此舉在歐體造成了莫大之爭議與軒然大波，咸認為柴氏並未按牌理出牌，頗令人不解，惟事實勝於雄辯，內行人卻認為與當時英國內部所存在之從第二次石油危機所導致之經濟不振相關。直到 1980 年 5 月，一項臨時協定之簽妥，方和緩了當時英國與歐體之關係。然 1982 年政治危機再度產生，英國政府違反在農產品價格所有之協定，如同預算問題般，始終未感受到英國有誠意能解決。如此造成了英國與歐體會員國之緊張關係，尤其與法國密特朗政府之間的關係，處於相當惡劣之情況。然而此刻英國國內的情勢卻呈現一片大好，主要歸功於鐵娘子執政先於 1982 年以福克蘭戰爭（Falklands War）[8]，英軍獲勝；後於 1983 年以壓倒性之勝利贏得大選，蟬聯首相寶座；及英國的經濟情勢逐漸獲致改善等。

直至 1984 年 6 月英國簽訂一項降至百分之六十六對歐體之預算，英國方正式接受採納歐洲共同農業政策，及相關之共同基金等。

由於英國對歐體財政所持之消極態度，普遍造成了歐體會員國之不滿，認為英國自私自利，對歐體之整合貢獻甚低。依據一份歐體財經報告

8　福克蘭戰爭，是指 1982 年 4 月到 6 月間，英國和阿根廷為爭奪英方稱之為福克蘭群島的主權而爆發的一場局部戰爭。

指出：英國實質上對歐體的參與非來自英國本身之意願，所帶給歐洲的貢獻低。如是看法更加印證了英國柴契爾政府在執政之第二階段時間，並未帶給當時想要建立歐洲單一市場多大的貢獻（Alexandre-Collier, 2002: 14-37）。

2. 單一市場建立

　　1981 年德國強斯傑（Genscher）與義大利哥隆布（Colombo）推出政治聯盟計畫，藉以有效緩和當時歐洲的經濟窘境。1983 年 6 月，歐洲部長理事會於德國司徒加（Stuttgart）召開，特發表六個月府際協調宣言，以提振歐體。此宣言特別強調如何健全歐體預算與共同農業政策、西班牙與葡萄牙加入歐體，及加強歐體組織之運作等，但遭英國的反對，尤其是英國認為沒有必要強化歐體之組織。英國反而認為應優先加強政治合作及取消關稅之障礙，以達成歐體之資本與資金之自由流通。英國期待歐洲成為一個真正之單一市場，這正與柴契爾政府所主張之新經濟自由主義相合，著重於法規鬆綁之自由經濟。

　　英國政府於 1984 年芳登白露（Fontainebleau）高峰會議召開期間，提出一份名為「未來之歐洲」文件，此文件特別強調符合英國傳統利益，其中建議歐洲之未來應朝向經濟改革、政治合作、開放內部市場、共同致力於空氣汙染之維護等四大方面，考克菲爾爵士（Lord Cockfield）身為英政府內政大臣，代表提出此一文件，並親自參與辯論會，清楚定出歐體內部市場建立之時程。然而，此文件並未提到相關歐體組織性改革。重要的是於芳登白露高峰會議召開期間，所有歐體會員國之政府首長群聚一堂開會討論，最後由道奇（Dooge）委員會於 1985 年 3 月代表歐盟官方出版一份報告，排除英方所提之報告，倡導歐體組織性改革，建議擴大歐體理事會內部過半數之投票機制、強化歐洲議會之權力、歐體委員會主席經提名後得以遴選相關委員，而不再是由各會員國提報委員人選。

　　由是之故，1985 年 6 月於米蘭召開之部長理事會顯然採用了道奇委員會之報告，通過米蘭條約，條約特強調擴大歐洲府際會議之開放，而無

視柴契爾夫人認為無必要開放。然而，至 1985 年 12 月最後簽定單一法案後卻峰迴路轉，令英國感到慶幸，法案中明定歐洲今後人員、貨物、資本及服務自由流通；歐體理事會內部過半數之投票機制再度受限；但是歐洲議會之權力得以強化。由於單一法案之通過及生效，會議無異議通過為數三百條歐體法令，致力於取消歐市往後流通之技術障礙。

　　歐洲單一法案之簽署，被認為是英國外交之勝利，及符合柴契爾夫人一再所強調之「務實主義」所獲致之驗證。儘管英政府須付出些妥協，然終究完成對歐洲未來之總目標。英國這總目標是建立歐洲廣大無邊界之單一內部市場，成為歐洲整合最重要之支柱。歐洲單一市場之實現意味著英國從加入歐體以來，雖經無數政府執政，然對歐政策始終一貫延續，未受到鐵娘子柴契爾夫人對歐洲曾未按牌理出牌之影響。

3.1988 年柴氏政府之頑強

　　柴契爾夫人擔任英國首相執政第二任期間，被認為是保守黨從政以來對歐體態度最強硬之關鍵。事實上，柴氏對歐體相繼而來之幾項重大之計畫，皆表示反對態度。

　　第一項計畫是由當時歐體主席戴洛（Jacques Delors）所提之歐體預算之增加，問題在於增加總預算，尤其是自 1986 年西班牙、葡萄牙共同加入歐體後之農業支出；及修訂各會員資助歐體國民生活所得與附加稅之百分比。

　　第二項計畫是歐洲經濟貨幣聯盟（EMU）[9]計畫，甚為重要。該計畫主要針對法國與德國間須減少匯費及匯率之不穩定性，以期使單一市場之資金自由流通。柴契爾夫人無法接受單一歐洲中央銀行，來干預及影響貨幣政策：對柴氏言之，這將嚴重影響國家主權，主要原因在於中央銀行與歐體政府無法分離，其他會員國未能主其事，中央銀行破壞國家主權。然而於 1988 年期間，柴氏無法阻止當時歐體主席戴洛提出歐洲經濟貨幣聯盟分階段研究之構想。

---

[9]　EMU: Economic and Monetary Union.

　　第三項引起柴契爾夫人與歐體間之爭端是 1988 年 9 月，當歐體主席戴洛於英國工會年度大會（Trade Unions Congress）發表演說，受到群眾熱烈歡迎，戴主席宣稱歐洲單一市場成立將一併制定共同體社會政策，為求改善社會保護與歐洲勞動者之工作情況。此一目標令英國首相柴契爾難以接受，柴契爾政府曾致力於弱化英國工會，降低柴氏所稱「文化依賴」，換言之，減少社會補貼金額。因而，柴契爾夫人於 1989 年反對歐洲社會憲章（ibid）。

4. 柴契爾夫人布基演說開啓英歐爭端？

　　繼 1988 年柴氏與歐體之三項爭端，及歐體主席戴洛之演說後，鐵娘子不甘示弱，亦於 1988 年 9 月 20 日在比利時布基（Bruges）發表知名演說。渠特以英式傳統根本概念來形塑歐洲，她認為歐洲不能僅侷限於歐體而已，亦不能損害國家實體。歐體須建立主權國間之合作關係，藉以促進政治合作。柴契爾夫人起而反對所有於布魯塞爾官僚式之中央集權，反對建立超國家組織，因而渠提倡於歐體內，如同柴氏於英國境內般，實施歐體新經濟自由主義，換言之，透過工業鬆綁及工作市場之經濟自由化。她亦反對歐洲單一貨幣計畫及所有於北大西洋公約組織外之歐洲國防，如法國所提建立歐洲新防衛之想法（請參考柴契爾夫人於 1988 年 9 月 20 日在比利時布基發表演說如下）。

5. 柴契爾 1988 年 9 月 20 日比利時布基世紀演說 [10]（節錄）

　　「我們英國人曾為建立歐洲而奮戰不懈。數個世紀來，我們為歐洲無自由寧死英勇戰鬥，並不屈服於歐洲成為唯一之超級強權……往事之英勇事蹟足以證明我們對歐洲所秉持之重責大任，甚至改變歐洲之未來亦是我們首要之任務。歐洲共同體正是我們對歐洲引以為傲之歸屬，然而它並非是唯一之超國家組織。我們不能忘記現實存在之問題，在東歐之鐵幕內，那裡之人民曾於過去從東歐之傳統分享歐洲之文化價值、自由及認同之價

10　資料來源：www.cvce.eu。

值。我們一直認爲華沙、布拉格、布達佩斯是歐洲之大城市。我們同時也
不能忘記是美國所建立起現今之歐洲價值，成爲眞正自由之捍衛者。」

(1) 歐洲之未來

「關鍵不在於歐洲史實枯燥乏味之記載，而在於英國對歐洲近二千年
來之貢獻與參與，於今而言，英國對歐洲之貢獻闕功至偉。

歐洲共同體是屬於所有會員國之組織，須反映出所有會員國之傳統與
期待。本人在此鄭重指出英國除歐體外絕不抱持其他模式之幻想，絕不僅
自我畫餅、以管窺天。我們的命運與歐洲緊緊相繫，蓋我們是歐體會員國
之一。這意味著我們英國或西班牙亦是屬於歐洲之一部分，我們是屬於所
有歐體之會員國。

歐洲共同體不是只有各別之目標，亦非僅用組織做整頓並用之以抽象
理論作訓令，及無限制之僵硬法規來塑造。

相反地，爲確使歐洲的未來將永保安全與繁榮，仍須以國家強權與團
體加以保障。」

(2) 促進主權國間之積極合作

「我的第一個核心概念如下：各主權獨立國積極合作是建立未來之歐
體成功之道。如只是片面想要取消國籍，而用歐式集團權力集中之方式來
取代的話，這樣之作法甚爲偏頗；此外，這將損及我們所持續進行之目
標。歐洲如能自我設定如法國、西班牙、英國之傳統地位不變，每個國家
有其文化、風俗及特殊性，已將會愈發強大。歐洲不能塑造成某種像機器
人之樣態，這將是非常荒誕無稽的事。

如我們再退一步想國家間之邊界，這絕非是想要重組成超國家之歐
洲，然從布魯塞爾起，一超國家體系正在形成。相反地，我們應有更大之
決心確保歐洲之大團結。終究來說，對歐洲之心改變須保有不同之國家傳
統、國會權力及國家之榮耀感，這不就是歐洲世世代代之中樞神經嗎！」

(3) 共同政策改革

「我的第二個核心概念如下：共同政策之建立須切中現實問題要害，
換言之，它須更爲務實，及比現有之共同政策更加具有困難度。

如我們不能完成將壞的及無效的共同政策作改革的話，這亦將引起民意之焦慮，我們終將在歐體未來之發展路途上得不到人民之支持。」

(4) 歐洲對企業界開放

「我的第三個核心概念是有必要制定鼓勵企業之共同政策，如此歐洲未來才會繁榮與開拓就業機會。

歐洲對企業界開放之目標是早期自 1992 年爲建立歐洲單一市場之原動力。使我們排除了障礙，提供了企業界能以歐洲爲範圍之場域營運，俾使我們更能與美國、日本、亞洲誕生之新經濟強權及其他國家所競爭。如是意味著 . 歐洲更朝向市場自由化、開放競爭、減少政府干預及帶來歐洲更大之經濟收益。我們的目標不應自定繁複及細緻之法令規章，反應鬆綁法令，去除商業之束縛，使得歐洲更爲開放。」

(5) 歐洲與防衛

「我的最後一個核心概念是涉及歐洲國家在防衛角色之基本問題。歐洲須持續性維持經北大西洋公約組織所建立起來之防衛安全。就算是在決定艱難或防衛花費昂貴之情況下，亦絕不能懈怠。

我們須盡其可能維持讓美國對歐洲防衛之義務，如此意味著承認美國所擔負之世界性角色，甚至在自由防衛上美國認爲盟軍所應扮演之角色，尤其在歐洲變得愈富裕之時刻，更須體認。」

(6) 英國方面

「只簡單的來談歐洲願景與理想仍有不足之處。我們確信須循軌跡向前。這是今晚我所要表達的。

現在所應做的事是對下個階段所做的決定，而非只放縱於以烏托邦爲目標。

我們未來之路仍長，事實上爲達成目標只有一種步伐，但要確定所走的是正確步伐。

願歐洲能成爲國家的家庭，國與國間更能相互瞭解與欣賞，共同致力於合作，強調國家實體與共同歐洲之企業的重要。讓歐洲能扮演世界性之角色，迎向世界而非停留於歐洲內部本身，保有大西洋內外部兼得之共同

體，歐洲將成為我們安身立命之處及帶來世界性之影響力。」

6. 總　評

柴契爾夫人於比利時布基之演說予人較溫和之印象，表現不凡；此與渠過去對歐盟所做的批評，在風格上大為不同；甚至不像激進人士如瑞德福（John Redwood）或漢南（Daniel Hannon），他們以柴契爾主義作為脫歐之訴求，對歐盟之批評極其嚴厲。然在那時，柴氏曾以書面正式批判歐體組織，亦反對歐體盟國，令布魯塞爾、巴黎、波昂及柴契爾政府內部裡之擁歐人士感到頭痛不堪。

7. 英國對歐洲貨幣採不支持之態度

1989 年 11 月 9 日在柏林圍牆倒塌後，英鎊是否要進入歐洲貨幣體系內，成了一個歐洲感到相當棘手之問題，此亦是在柴契爾政府在柴氏任內，被認為是最具爭論性之英國對歐政策，由於她極力反對英鎊加入歐洲貨幣體系，從此可觀察出英國與其他會員國之關係愈離愈遠。

當歐體戴洛委員會於 1989 年 4 月提出經濟貨幣聯盟報告時，即遭英國政府之反對，倫敦只接受達成經濟貨幣聯盟三階段之第一階段經濟貨幣整頓協議，因為英國原則上拒絕貨幣聯盟（該經濟貨幣聯盟第二階段是建立歐洲貨幣機構，為未來之歐洲中央銀行鋪路；第三階段是固定匯率之制定）。同時，英鎊是否須加入於歐洲貨幣體系內，成為當時英政府一大辯論議題，甚多部長及財政大臣勞生（Nigel Lawson）等皆同意加入，惟遭英國首相柴契爾夫人拒絕，勞生考量與柴契爾夫人理念不合，隨即於 1989 年 10 月宣布辭職以示負責。之後梅傑取代勞生擔任財政大臣，梅氏依然對英鎊是否加入歐洲匯率機制持正面之態度，最後梅傑意外地說服柴契爾夫人，英鎊於 1990 年 10 月加入歐洲經濟貨幣聯盟。但是梅傑反對共同貨幣之成立，認為歐洲貨幣單位（European Currency Unit）[11] 須採會員國國幣，而非以單一貨幣來取代。

---

[11] 歐洲貨幣單位（European Currency Unit），簡稱 ECU，是歐元形成以前歐體成員國共同採用的計量單位。

之後，歐體召開部長理事會，英國首相柴契爾夫人極力反對歐洲經濟貨幣聯盟，首相特助霍爾（Geoffrey Howe）因而辭職，並於 1990 年 11 月在平民院發表駁斥柴契爾夫人對歐洲政策之演說。隨即，反對黨內另一位支持歐洲之部長赫賽汀（Michael Heseltine）宣布角逐保守黨主席寶座。選舉投票後仍是柴契爾夫人獲致最高票，然因票數未過半，礙保守黨黨內規定無法於第一回合獲勝，柴契爾夫人隨即辭去黨主席。

誠然，與歐體決裂，並非完全是柴契爾夫人於黨主席連任未順利於第一回合即當選之真正原因，當時英國保守黨內部的確存在一股反柴氏之勢力，可想而知的是由於歐洲問題之影響，更加速造成了鐵娘子在保守黨內部之失勢（ibid）。

（三）梅傑（1990 至 1997 年）：保守黨疑歐主義之高峰期

梅傑繼任柴契爾夫人擔任首相兼保守黨主席，一反柴氏之風格，擅於妥協。渠對歐洲問題採較溫和之態度，但不像赫賽汀，較支持歐洲。對歐洲單一貨幣言之，梅傑與其他反歐洲派在看法上並無不同之處，只不過他認為實施歐洲單一貨幣之條件目前尚未成熟，他並不排除有一天歐元將會被採用之可能性。1991 年 3 月，在一場柏林之演說中，英國新首相梅傑給予一正面之訊息傳遞，堅稱英國將要重返歐洲之中心。

1. 馬斯垂克條約調停成功

梅傑對歐洲發展不無貢獻。1991 年兩次針對政治聯盟與貨幣聯盟之歐洲府際會議之調停，甚為成功，導致歐洲聯盟條約之簽定，此條約亦稱「馬斯垂克條約」[12]。

---

[12] 馬斯垂克條約於 1992 年 2 月簽定。馬斯垂克條約（Maastricht Treaty），即歐洲聯盟條約，於 1991 年 12 月 9 日至 10 日在荷蘭的馬斯垂克舉行的第 46 屆歐洲共同體首腦會議中經過兩天的辯論，最終通過並草簽了「歐洲經濟與貨幣聯盟條約」與「政治聯盟條約」，合稱歐洲聯盟條約，正式條約於 1992 年 2 月 7 日簽訂。這一條約是對羅馬條約的修訂，它為歐洲共同體建立政治聯盟和經濟與貨幣聯盟確立了目標與步驟，是羅馬條約成立的基礎。馬斯垂克條約於 1993 年 11 月 1 日生效。

　　馬斯垂克條約是循著波斯灣第一次世界大戰與前南斯拉夫內戰而簽定，當時歐體會員國一致認為有必要強化歐洲之政治整合。梅傑接受歐盟共同外交與安全政策（CFSP）[13] 之建立，它將依馬斯垂克條約通過建立一共同之國防政策，一個屬於歐洲之國防，但此為過去英國為建立共同之國防所產生疑慮最大之分歧之處，英國所持之疑慮，主要之理由在於共同外交與安全政策是屬於會員國之府際關係範圍，與歐體所欲建立之支柱協定須做區分。為此，英國在此協定上享有否決權，意味著涉及任何之行動須徵得英國之同意方得進行。

　　甚至，馬斯垂克條約建立有關在歐洲國家間共同司法與警察合作之第三支柱，係由梅傑從中斡旋促成，梅氏力主共同司法與警察合作不能違反國家主權，因而達成取消歐體原定之「歐盟聯邦」之構想。

　　關於共同貨幣聯盟，梅傑不反對歐洲單一貨幣之建立，但由於丹麥於1993年舉行第一次公投否決馬斯垂克條約後，梅氏因而堅持須附帶英國有權自做決定之保留條款。自此英國擁有選擇權是否加入及何時加入單一貨幣？有別於其他對馬斯垂克條約之締約國，務必遵守履行於1999年採用共同貨幣交易，及2002年採行共同錢幣、紙鈔上市。歐體做了如此讓步並不代表會員國間對英國如此頑強之立場，所造成之形象有任何改變之處，畢竟幸無英國的反對，歐洲共同貨幣聯盟方能建立成功。另外在社會專章方面，英國均未表態贊成，仍在條約內附加保留條款，享有自行決定之特殊待遇。

2. 英保守黨政府對歐洲採取對立之立場（1992至1997年）

　　英國對馬斯垂克條約所做之調停，被英國內部所認定為一大勝利。此時，保守黨乘勝追擊，於1992年4月意外地贏得立法選舉之險勝。然而，英國內部與歐洲情勢隨之起了重大轉變，首先丹麥於5月否決馬斯垂克條

---

[13] 共同外交與安全政策（Common Foreign and Security Policy）是歐盟二大支柱的第二支柱。1993年11月1日在馬斯垂克條約「亦稱歐洲聯盟條約」生效時由其前身「歐洲政治合作」轉變而來。

約；法國卻於 9 月以公投些微差距批准馬斯垂克條約；尤其，1992 年 9 月
16 日英國內部被形容為「黑色星期三」，係因英鎊投機性受匯率炒作，引
起危機，最後導致英鎊退出歐洲共同貨幣聯盟極大幅度之貶值，其所造成
之影響不能被低估。雖然，此經濟危機只造成短期之影響，然卻產生於保
守黨內部間對英國經濟與歐陸經濟意見之分歧，英保守黨政府堅稱英國不
願意參與歐洲單一貨幣計畫。在英國內部方面，英鎊退出歐洲共同貨幣聯
盟大為減弱了英首相之權威，同時因馬斯垂克條約須經由國會批准，將會
顯得甚為困難。

　　因而，英國對歐洲之政策受到 1992 至 1993 年上述事件之影響，從此
看出當時英國首相梅傑對歐體之態度更加頑強。渠聽從於支持他之疑歐派
選民，向他們承諾英國不能出賣國家利益，英國首相於 1994 年以過於傾
向於支持建立歐洲聯邦為由，拒絕比利時總理德漢（Jean-Luc Dehaene）
被提名為歐體委員會主席。尤其，由於英國受到「牛腦海綿狀病變」或稱
「狂牛症」（BSE）[14] 之影響，查獲狂牛症 180 萬起案件，人體亦將會受到
感染，自此倫敦與布魯塞爾間之關係開始惡化。1996 年 3 月歐體委員會採
行英國牛肉禁止進口措施，得到擁歐派媒體一片讚揚之聲。儘管英國的抗
議，歐體所做之禁止英國牛肉進口之決定獲全數投票通過。禁止英國畜牧
產品進口持續約十年，及為杜絕傳染病而殺死帶病牲畜，造成英國經濟約
幾十億英鎊之花費損失。

　　儘管梅傑希望予人溫和之形象，然英國與其餘歐體會員國之關係卻下
降如柴契爾夫人任期結束前般至冰點，此證明了英保守黨內部疑歐派勢力

---

[14] 牛腦海綿狀病變（bovine spongiform encephalopathy），俗稱狂牛症（mad cow dis-
ease），是由傳染因子引起，屬於牛的一種進行性神經系統的傳染性疾病，此疾病是一
種傳染性海綿狀腦病。該病的主要特徵是牛腦發生海綿狀病變，並伴隨大腦功能退
化，臨床表現為神經錯亂、運動失調、痴呆和死亡。這種疾病依據是由於普里昂蛋白
（prion）引起的，並且可以通過餵食含有疾病的動物骨粉傳播。人類中的普里昂蛋白
疾病之一，變種克雅二氏病（vCJD）被認為可以通過食用帶有狂牛症的牛腦或其結締
組織傳播。另一種在麋鹿中發現相關的疾病包括慢性萎縮病。1996 年 3 月 20 日，英國
首次官方證實了 BSE 病例。

表 7-5　英國政府年表

執政期間	首相	政黨	對歐政策之方向與作為
1945 年 7 月至 1951 年 10 月	雅德勒（Clement Attlee）	工黨	拒絕加入歐洲煤鋼共同體與歐洲防務共同體
1951 年 10 月至 1955 年 4 月	邱吉爾（Winston Churchill）	保守黨	對歐政策無改變，對工黨政府頗有批評
1955 年 4 月至 1957 年 1 月	艾登（Anthony Eden）	保守黨	拒絕簽署羅馬條約
1957 年 1 月至 1963 年 10 月	麥克蜜勒（Harold Macmillan）	保守黨	第一次申請加入歐體失敗
1963 年 10 月至 1964 年 10 月	竇格拉斯・洪（Alec Douglas-Home）	保守黨	擁歐派
1964 年 10 月至 1970 年 6 月	威爾遜（Harold Wilson）	工黨	第二次申請加入歐體失敗
1970 年 6 月至 1974 年 3 月	西斯（Edward Heath）	保守黨	正式加入歐體
1974 年 3 月至 1976 年 4 月	威爾遜（Harold Wilson）	工黨	公投持續留在歐體
1976 年 4 月至 1979 年 5 月	卡拉登（James Callaghan）	工黨	拒絕加入歐洲貨幣體系
1979 年 5 月至 1990 年 11 月	柴契爾（Margaret Thatcher）	保守黨	歐洲預算與歐洲單一法案之爭執
1990 年 11 月至 1997 年 5 月	梅傑（John Major）	保守黨	馬斯垂克條約與歐元條款之保留
1997 年 5 月至 2007 年 6 月	布萊爾（Tony Blair）	工黨	贊成歐洲防衛，反對歐元
2007 年 6 月至 2010 年 5 月	布朗（Gordon Brown）	工黨	簽署里斯本條約
2010 年 5 月至 2016 年 7 月	卡麥隆（David Cameron）	保守黨	針對預算穩定協定與歐盟結下樑子
2016 年 7 月至今	梅（Theresa May）	保守黨	英國公投脫歐後之準備工作

資料來源：作者自行整理。

之增高，及歐體展現出其整合之企圖。此時，歐陸國家正期待表達親歐立場之英國工黨執政。

3.1992 年 9 月 16 日「黑色星期三」

1990 年 10 月英鎊加入歐洲共同貨幣聯盟，此為柴契爾夫人受其部長及財政大臣如勞生與繼任者梅傑之壓力所做的決定，當時所採行之匯率是以 2.95 馬克折合 1 英鎊。英鎊加入共同貨幣聯盟之條件是英鎊的匯率起伏不應超過如上之既定匯率之百分之六。

然而，德國之利率相當高，使得英鎊呈現弱勢。利率危機開始出現於 1992 年春季，當荷蘭針對馬斯垂克條約公投說不的時候。在英鎊開始貶值時，梅傑政府提升利率至百分之十，並花費幾十億英鎊準備金為維持英鎊在外匯市場之利率，及防止英鎊鉅幅貶值。

1992 年 9 月 16 日，梅傑宣布提高至百分之十二，及至百分之十五為鼓勵市場買進英鎊，然而此舉並未有效。財務大臣拉蒙（Norman Lamont）於是於同一日宣布英鎊退出歐洲共同貨幣聯盟，利率恢復至百分之十。

總計，英國財政在此次貨幣危機中估計損失 340 億英鎊（Hooghe and Marks, 2001: 1-23）。

三、英國工黨執政時期：1997 至 2010 年

英國對歐體以分化及以整體反歐意識持續了約三十年後，工黨內部於 1987 年在連續三次選舉失敗後起了重大變化，開始正視歐洲之整合與推動，重要之功臣人物係出自黨內之領導人金諾克（Neil Kinnock）在其擔任黨魁領導工黨期間至 1992 年，及 1992 至 1994 年領導工黨擔任黨魁之史密斯（John Smith）。渠等認為使工黨改造與現代化，應將歐洲視為一寬闊之戰略要素，調適於冷戰之結束及因應於因科技變遷所帶來之新動盪，尤其是為重新吸引選民，更須推陳出新，加一把勁。重要之做法在於

工黨與歐陸國家主張社會民主之相關政黨相結合，以共謀歐洲未來之整合。

　　由於史密斯之意外死亡，布萊爾繼而於 1994 年勝選擔任黨魁。布氏持續前任黨魁所鎖定之新戰略基調，強調重新改造工黨結構以奪回執政權，並提出一系列之憲法改革如蘇格蘭、威爾斯、北愛爾蘭之權力下放；倫敦市長之選舉；元老院之改革等。對於歐洲，布萊爾期盼能擴增歐洲視野，使英國之模式更能現代化以做為因應。他認為英國處於歐盟之首要位置，甚為重要，如同英國與美國之關係般，英國亦須輔以與歐盟之關係。此重要之觀念在於須有建設性之態度與做法，英國成為歐洲之領導使得華盛頓能聽從；另一方面，英國成為華盛頓重要影響者使得布魯塞爾能聽從。這樣的戰略目前僅成功了一半。如英國從今以後能於歐盟之核心尋回重量級之位置，對布萊爾言之，渠如未能達成上述戰略目標，亦未能說服其餘會員國夥伴，最後只能改變其原對歐洲之企圖。

（一）布萊爾時代（1997 至 2007 年）：英國對歐洲矛盾之結束？

1. 初次對歐洲正面之信息

(1) 對歐洲企圖之展露

　　1997 年工黨在其競選計畫白皮書內特標註一系列對歐洲之正面信息，這些與歐洲有關之信息從未是屬於過去英國執政政府之政策。工黨意圖終止柴契爾夫人執政期與歐洲不良之邊緣化關係，期扮演歐洲領導之角色，俾使歐盟會員國能接受歐洲未來方針能與英國利益相結合如：自由經濟改革、共同外交與安全政策之強化、共同農業政策改革、中東歐國家加入歐盟等。如符合條件，工黨不排除贊成實施歐元，並以公投來做決定。

　　幾年後，英國首相布萊爾發表一系列以歐洲為題之演說，演說中特著重於對歐洲具企圖心與正面之視野，除維護英國本身之利益外，同時亦考量增進共同體利益。特別是於 2000 年 10 月 6 日在華沙之一場演說中談到

歐盟像是「超級強權」，而非是「超級國家」；同樣地，在法荷歐洲憲法公投失敗後，布萊爾於 2005 年 6 月在歐洲議會之演說（如下文），對歐洲之辯論產生了極大之衝擊。

(2) 迂迴之態度

布萊爾政府對歐洲所採取之政策展現出迂迴與委婉。其新任之財政大臣布朗（Gordon Brown）曾宣布英國銀行今後獨立運作，它將不再依政府之指令採以固定利率，如是決定被認為是朝向單一貨幣之第一步，因為在其規定明定有必要建立獨立運作之中央銀行。布萊爾很快地簽訂 1997 年阿姆斯特丹條約，出自於 1996 至 1997 年歐盟會員國府際間之調停，當時是由梅傑政府所做出之貢獻，然由於對歐政策隱晦不清，無法及時簽訂。阿姆斯特丹條約之相關規定無甚多新意，主要在於共同外交與安全政策方面建立一高層負責單位，以歐盟部長理事會之名義負責協調外交與安全政策；及包括申根協定條款等。在申根條款方面，英國再度獲得條款保留之特殊待遇，允許英國能與其他會員國各自調停；惟英國最後通過歐洲司法與警察共同合作條例，延續馬斯垂克條約所建立之相關規範。

(3) 政策績效

布萊爾政府執政初期對歐政策已有顯著之績效。在制度方面，2001 年尼斯條約符合工黨政府之期待，該條約維持了歐盟主要之大國在部長理事會比例性之重要地位，在中東歐國家加入後，其決定採以過半數通過才算有效。布萊爾又於 2000 年 3 月在通過里斯本會議議程時，附帶通過讓英國在歐盟享有優先權，獲當時執委會主席波迪（Romano Prodi）之支持。里斯本會議議程排定歐洲經濟改革，特別針對職場與職業建立，此案亦經英政府內部通過。此議程所採行之方法被稱之「開放性協調方法」，所有會員國將因此不會受到約束（預料此方案之經濟改革未來在成效上仍屬有限），受到英國之贊成（Bulmer and Burch, 2009: 52-59）。

2. 2005 年 6 月 23 日布萊爾於歐洲議會之演說（節錄）

「關鍵不在於解決在自由市場之歐洲與社會歐洲間之問題，及解決某

些人想要再回到共同市場，或某些人相信政治計畫。這非僅是一種錯誤之表述，這是一種恫嚇某些人想要改變，背叛想要改革歐洲的理想，並嘗試遏止對未來之辯論，而自我主張堅持己見，甚至爲反歐而背書。

歐洲已過了五十年之光景，我們應革新。不需要感到慚愧。所有的制度須革新，我們有方法能夠改變。然只是如我們再度結合，我們相信生活在現代世界歐洲之理想。

面對這些問題，如人民已產生疑歐意識，決定自我屈服於遠離世界之希望中，而不願面對已勾勒之轉變，自我放逐在現行政治中——如同事實不斷重複，而成爲慣性——它終將失敗。大規模與大戰略之失敗。此刻不是以背叛控告某些人想要改變歐洲，而是承認他們所集結之力量、實用性與理想，及市民參與他們的轉變。

我們要反省一下，拉根宣言（Laeken）開啓了歐洲憲法之起草，致力趨向於人民之歐洲，做了嗎？里斯本行動計畫於 2000 年發起，企圖至2010 年將歐洲經濟變成全世界最具競爭力之地區。目前離期限只剩一半時間，我們做得到嗎？

從歐盟執委會至部長理事會，我們已提出方法來推動人民歐洲，我們做了些什麼呢？

是需要身體力行的時候了，清醒吧！人民已至我們的窗前議論，我們有洗耳恭聽嗎？我們有政治意志迎向人民，與他們會合嗎？以便人民看到政府之解決之道，而非只是問題本身。」[15]

3. 單一貨幣

(1) 通過需附帶條件

1997 年英國布萊爾政府等待對單一貨幣作回應，當時，針對此問題做歐洲辯論時，幾乎皆由布萊爾政府所主導。工黨在過去仍是反對黨時，公開宣布對一貨幣原則上表示支持，惟仍須小心謹愼；工黨到現在執政後，首相布萊爾於開始時因政治理由甚爲支持單一貨幣：他期待與歐洲領

---

[15] 資料來源：www.cvce.eu。

導共同參與此一計畫之實現。

對於渠財政大臣布朗來說，他處理歐洲事務更加謹慎：一方面考慮到當時英國經濟景氣循環指標與歐陸國家呈現明顯差距（1997 年英國經濟出現好轉之趨勢，成長指數超過百分之四），另一方面，須繼續維持英國經濟成長之穩定。布朗說服布萊爾採取決定應多考量經濟面，而非政治面。1997 年他於英國國會平民院公開表示英國政府困難之處境，因而認為英國應採用歐元，並提出以下五大條件：A. 確保歐洲經濟集中及穩定。B. 單一貨幣對英國的經濟發展有利。C. 單一貨幣對英國的投資有利。D. 單一貨幣對英國的大都會發展有利。E. 單一貨幣能降低英國的失業率等，如能產生正面之影響，既有必要採用歐元；然而，他認為目前這些條件仍尚未成熟，同時，英政府此刻並未建議以公投來決定是否採用歐元——此意味著直到 2001 年下次英國立法選舉前皆不會用公投來決定。對英國是否採用歐元仍待尋求共識，但他呼籲採用歐元不宜用政治來做考量，且避免保守黨總是用此議題打選戰。

在接近 2001 年大選時刻，朝野開始辯論，此時布萊爾宣布如贏得大選，將舉辦公投來決定英國是否採用歐元；對於保守黨來說，打選戰之代表人物如海格（William Hague）則主張維持英鎊，控訴布萊爾欲換歐元出賣國家主權。然而當時保守黨用此訴求打選戰，依舊無法阻擋工黨贏得第二次大選。工黨於選舉勝利後隨即宣布並簽字將於 2002 至 2003 年評估上述財政大臣布朗所提英國採用歐元之五大條件，如有利將隨後以公投來做最後之決定。因此，對是否採用歐元之評估連續做了數月，然評估結果卻未對英國有利，財政大臣布朗於 2003 年 6 月於國民議會公開宣稱：該五項條件中只有一項單一貨幣對英國的大都會發展有利，因而政府不建議採用歐元。從此，對於英國是否採用歐元無人過問，然而接二連三的財政危機卻不斷發生，為能解決當時之危機，布萊爾政府面臨了空前挑戰（ibid）。

(2) 布萊爾政府跳票三個理由

以下三個理由用來解釋為何執政黨工黨對採用歐元的態度起了根本之

轉變：

　　A.首先，布萊爾與布朗於事後均反對採用歐元。布萊爾最後授權由其財政大臣布朗依據經濟標準來衡量並做決定。

　　B.依問卷調查占百分之六十之英國人不同意採用歐元。然如此數據最好能用公投來完成，惟當時政府並未依此數據用公投來做是否採用歐元之人民諮詢。

　　C.最後，由於2001年美國九一一恐怖攻擊事件之影響，英國布萊爾首相較投入在國際事件之注意力上：與美國華府布希政府熱線、計畫出兵阿富汗、伊拉克等，減少了布萊爾在對歐元問題上之投注。如是問題更加引起在歐盟會員國間因針對是否參與伊拉克戰爭造成布萊爾與席哈克、席霍德在意見上之紛爭。

　　英國首相布萊爾在對歐盟之領導，尤在其欲使英國退出歐洲經濟貨幣聯盟時，顯得格外困窘：因為布萊爾決定不參與歐元區之決定，渠促使英國成為非歐元區之邊緣化國家。

4. 歐洲防衛

(1) 改變英國的戰略

　　布萊爾於1994至1997年擔任反對黨主席時，對歐盟無力調停波西尼亞1992至1995年之戰爭，及美國於1995年從參戰中撤退感到不解。渠認為歐盟國家應優先表現出獨當一面協調衝突之能力，尤其當美國不能或不願干預時更應如此。同時，布萊爾一反過去保守黨及工黨執政時之態度，堅持非北大西洋公約組織始終是對歐洲防衛之安全保證，首次，一位英國首相如布萊爾公開支持除輔以北約之協助外，歐洲自我防衛更形重要。所幸當時靠英國的軍事力量，能扮演著歐洲會員國防衛極其重要之角色，布萊爾於是特強調會員國間之安全合作，自己來做；及呼籲重新改變歐洲安全之新戰略關係。

　　英國如此所作之轉變，獲致另一歐陸軍事強權法國之青睞，蓋法國從傳統以來始終希望能建立屬歐洲自己獨當一面之歐洲防衛。英國首相布萊

爾與法國總統席哈克於是於 1988 年 12 月在聖馬羅（Saint-Malo）召開英
法雙邊高峰會議，雙方領袖簽署建立歐洲國家共同軍隊之共同聲明，此共
同聲明並非是建立一支永久性之軍隊，而是受歐盟指揮之各會員國軍隊結
合體。

　　之後，此共同聲明於 1999 年 6 月在科隆（Cologne）召開歐盟高峰會
議時，獲所有會員國一致通過。該高峰會議特定出從 2003 年起調度近 6
萬人，及為共同安全與國防政策（CSDP）[16] 建立新組織：建立一新安全政
治委員會，由各會員國外交代表組成；及一軍事委員會，由各會員國軍隊
軍官組成。

(2) 對歐盟關係之窘境

　　實際上，上述之協議仍有執行困難之處，原本過去英國對歐關係就已
亮起紅燈（如英法間對歐洲大西洋外之關係常出現意見不合），尤其是英
國對歐洲防衛所提供之經費資助甚少；且經常與歐盟會員國間出現政治立
場不一致之狀況，某些會員國如德國、北歐國家及像愛爾蘭般之中立國，
對派軍隊動員參戰大致表示興致缺缺，並呈現觀望之態度。

　　由於歐盟內部對出兵伊拉克意見之不一致，造成派兵參戰之意圖大為
降低，然值得注意的是，儘管歐盟無意參戰，歐洲共同安全與國防新政策
仍舊實施，小幅度受歐盟指揮之軍事行動展開。對英國言之，最重要的是
透過海軍行動以保護於東非受海盜掠奪之船隻，歐盟為此增派艦隊駐守於
倫敦，惟英海軍並未參與。在對外關係方面，法國、德國及英國，獲美國
支持，開始與伊朗調停，造成伊朗政權鈾濃縮之製造暫停。

---

[16] 共同安全與國防政策（Common Security and Defense Policy），前稱歐洲安全與國防政
　　策（European Security and Defense Policy, ESDP），是歐盟共同外交與安全政策的其中
　　一個重要部分，並且是歐盟國防與軍事的指引。而 ESDP 又是北約歐洲安全與防務個體
　　的繼承者，但這條約仍然對非北約成員的歐盟成員有效。事實上，共同安全與國防政
　　策是屬於歐盟機構歐洲理事會的管轄範圍，而這個理事會是由國家領導級人物所組成
　　的。共同安全與國防政策的發展一直都跟隨著西歐聯盟、北約及歐盟這三大組織，而
　　此政策在科索沃戰爭後得到了迅速發展。

5. 1998 年 12 月 4 日聖馬羅英法對歐洲防衛共同聲明（節錄）

「(1) 歐洲聯盟應有能力於國際舞台扮演重要之角色。阿姆斯特丹條約給予歐盟合法與正當性之國際行動來源依據，應付諸實現。所有針對歐洲共同安全與國防政策（ESDP）之相關規定均明定於阿姆斯特丹條約內，須加以明快及徹底之履行。如是歐盟理事會須承擔如上責任制定共同之防衛政策。歐盟理事會須有能力於會員國府際間決定，依歐盟條約第五專章之規定採行必要之行動。

(2) 在此原則下，歐盟須有自主行動力，憑藉著值得信賴之軍事力量，並得以因應因國際危機所必須採取之必要行動。

於此，針對共同防衛義務，由各會員國所簽署之協定（如華盛頓條約第 5 條及布魯塞爾條約第五專章等）須加以遵守。強化歐盟會員國之團結，俾使歐洲在處理國際事務之聲音能被聽見，同時共同履行北約之歐洲防衛義務，致力於建立具活力之新大西洋聯盟，藉以成為各會員國共同防衛之基礎。

各會員國得以在歐盟組織體系範圍內行動（如歐洲理事會、經常事務理事會、部長及國防會議等）。

強化歐洲之團結須考量各會員國多元之立場。各會員國針對北約採行不同之立場亦須受尊重。

(3) 當北約未做軍事行動干預時，歐盟得採行有效之決定是否同意軍事行動，在決定前須做適當之準備如評估情勢，蒐集情報及訂出戰略方針等，以西歐聯盟（WEU）[17] 與歐洲聯盟做雙向聯繫與合作。於此，歐盟將得以訴諸適宜之軍事手段（以北約做支柱之預先措施、會員國間之措施、或北約之多國措施等）。

(4) 歐洲須強化軍事力量，藉以有能力快速面對新的危機或風險產

---

[17] 西歐聯盟（Western European Union）是西歐各國以 1948 年的布魯塞爾條約為基礎而成立建立的軍事暨防衛性組織，其總部設於布魯塞爾。西歐聯盟最初的成員為布魯塞爾條約的簽署國，而西德與義大利則於 1954 年加入。儘管歐洲聯盟與西歐聯盟並無正式的關係，但所有西歐聯盟的成員國均是歐盟成員。

生，借助於具有競爭力、強大之國防科技與工業為基礎。

　　(5) 我們決定團結一致，努力使歐盟具體逐步實現此等目標[18]。」

6. 歐洲憲法草案

(1) 歐洲憲法草案深受英國影響

　　英國首相布萊爾擔任第一任首相期間，曾對歐洲單一貨幣之辯論扮演了主導性之角色；同樣地，在其第二任首相期間，歐洲憲法草案亦由布氏所主導。該草案係出自於 2001 年於拉根（Laeken）舉行歐洲理事會所通過之未來歐洲宣言，開始徵召由歐盟會員國國會議員、政府代表、歐洲議會及歐盟執委會等組成歐盟制憲會議，計畫於 2002 年 2 月正式集會，並於 2003 年 7 月完成歐洲憲法起草之工作。

　　英國在此歐盟制憲會議上表現甚為積極，當時提名了傑出外交官凱爾（John Kerr）擔任歐盟制憲會議常務秘書，及外交部長韓（Peter Hain）擔任英國政府代表。於 2003 至 2004 年期間，英國代表周旋於府際調停，扮演重要之角色，會議後所作之協定大致符合英國之期待。歐洲新憲法之內容將涵蓋歐盟過去所制定之所有條約，並做些微如下之修訂：A. 經提名產生一永久性歐洲理事會主席（避免輪值主席經常被替換）；B. 經提名產生一外交安全負責人，負責協調（而非一曾受爭議之歐盟外交部長），該負責人是歐盟對外關係之首席，是實際致力於歐洲外交之生力軍。

(2) 一項未完成之計畫

　　英國布萊爾首相因受媒體、保守黨及其工黨部分陣營壓力之影響，公開承諾歐洲憲法草案之批准與否將訴諸公投決定。然而，交付公投亦引起極大爭議，當時反對黨極力以反對歐洲憲法草案作為打選戰之訴求。惟鑑於 2005 年 5 月法國與荷蘭連續以全國性公投否決歐洲憲法草案後，英國公投並未真正實施。

　　由於歐洲憲法草案受其公投影響遭到挫敗，歐盟會員國決定再以兩年期間做思考，直至 2007 年初期方才展開對歐洲憲法之協商，希望尋求解

---

[18]　資料來源：www.cvce.eu。

決之道：最後達成協議停止歐洲憲法計畫，不予繼續討論，只保留經協商後同意之新條款，之後被稱之為里斯本條約。

（二）布朗執政期間（2007 至 2010 年）：對歐政策仍採過去頑強之態度

1. 英國繼任首相布朗與歐盟關係未見好轉

　　2007 年 6 月布朗繼任布萊爾擔任首相。布朗之行事作風顯得較奇特，同時與歐盟之關係未見好轉，呈現每況愈下之情況。他抨擊在其於（1997 至 2007 年）擔任財政大臣期間，歐盟因過於以自我為中心，故無能力致力於符合世界性之經濟改革。布氏擔任工黨新首相後對歐盟之政治整合亦表現漠不關心之態度；反而極力維護英國主權與國家認同，布朗亦曾是主張英國認同（Britishness）一系列演說之作者。

　　英國首相布朗對歐洲之經濟卻曾提出甚多建言，於 2005 年在「全球歐洲」（Global Europe）的一份文件中，布氏對歐洲只顧內部之發展，不足以面對世界性之挑戰感到甚為婉惜。他認為歐洲不能以自我為中心，相反地，它須自我改革，藉以面對與世界新起之國家競爭：從今以後歐洲須致力於經濟發展、就業市場改革、企業發展及革新，正如同當時英國政府所做出之努力。

　　儘管英國布朗首相所作出上述對歐洲經濟改革之主張，然卻仍遭致歐盟內部不少批評。布朗最後簽署里斯本條約，拒絕以公投批准，因該條約並未具憲法性條約。

　　雖在當時反對黨保守黨大力杯葛下，擁有於西敏寺國會多數之工黨，最後於 2008 年 1 月仍批准了里斯本條約。

2. 面對國際金融危機

　　2008 至 2010 年期間，面臨國際金融危機，英國布朗政府採以嚴謹金融管理之方式，極力挽救當時受波及之英國銀行（如 Northern Rock、

Lloyds 等）。2009 年初 G20 於倫敦召開高峰會，布朗首相採以積極之態度，呼籲歐盟金融體系正常化改革，期待世界各國安然渡過國際金融危機。然而因英國當時非屬歐元區之會員國，故此呼籲似僅爲英國單方面之表示，並未引起其餘歐元區會員國之共鳴（Schnapper, 2011: 93-102）。

　　綜觀英國與歐盟間之關係，英國政府從過去以來至今，不論保守黨或工黨執政，即以一貫之態度，對歐盟採以若離若合之態度。

　　既便於過去歐體所倡導之政治合作與單一市場之建立，均獲英國領導人簽字同意，然而，英國卻反對成立歐洲聯邦、反對官僚主義干預自由市場及新自由主義。尤其，英國向來認爲建立歐盟超國家組織將損及英國西敏寺之國會主權。

　　總而言之，英國反對超級歐洲之主要理由如下：歐體於第二次世界大戰結束後建立，除了歐陸國家會員國外，英國對於歐洲之整合表現出較不積極之態度。英國認爲提振歐洲國家之政經合作關係，遠比建立歐洲超國家組織更爲重要；此外，受其政治傳統與兩次世界大戰之之影響，英國強調維持國家之主權與獨立，除了須與大英國協（宗主國與舊英殖民地）保持合作關係外，並須與美國持續建立合作聯盟之關係。

第三節
全世界公民投票（創制複決）評比初探

一、前　言

　　本節透過當代民主治理大師鄒格與公民投票專家艾蒙等之論點比較代表民主、半直接民主、半代表民主等類型。同時進一步研發將世界各國分成丹麥系統、法國系統、義大利系統、瑞士系統、英式混和系統、東歐系統、美加中美系統、南美系統、澳紐大洋洲系統、亞洲系統、中東系統、

非洲系統等，做公民投票（創制複決）系統分析比較，提出重要研究之成果與建議，提供參考。

本文採系統分析比較法，針對全世界 132 國民主治理模式及公民投票做一理論兼實務之實證研究，主涵蓋四大部分：1. 在類型比較方面：除做民主治理模式研析外，並以全國性投票入憲、強制性憲法複決、人民創制、一般任意性複決、特別任意性複決、民主制度歸類、全國性投票數量等七項檢視標準，以歐國做比較論述：2. 在系統分析方面：兼採威利公民投票系統實證研究，將全國性投票分為丹麥系統、法國系統、義大利系統、瑞士系統、英式混和系統、拉丁美洲系統等，加以分析比較：3. 在研究發現方面：將全世界再分成東歐系統、美加中美洲系統、南美洲系統、澳紐大洋洲系統、亞洲系統、中東系統、非洲系統等，做進一步改良研發：4. 在研究建議方面：進行全世界 132 國直接民主規範與公民投票實施次數評比，並重新統計全世界實施全國性公民投票之數目，最後做成研究建議供參考。

二、類型比較：民主治理模式研析

現代直接民主治理模式分成半直接民主（Semi-Direct Democracy）、半代表民主（Semi-Representative Democracy）、及代表民主（Representative Democracy）等。鄒格與艾蒙 [19] 進而對歐洲 19 國做直接民主規範與實施評比（Zogg and Hamon, 2006）。

1. 半直接民主是直接民主與代表民主之混合制，特別是增加了直接民主公民投票的成分。在半直接民主治理下，除人民不僅可選出代表外，尤其強調行使公民投票直接干預公共決策，人民參政的機會十分頻繁。此治

---

[19] 除鄒格（Serge Zogg）與艾蒙（Francis Hamon）外，其他知名學者如威利（Hans-Urs Wili）、卡拉斯（Andreas Glaser）、塞杜特（Uwe Serduit）、倫尼（Austin Ranney）、勃特勒（David Butler）、巴塞勒格（Olivier Passelecq）、歐勃（Jean- François Aubert）、考夫曼（Bruno Kaufmann）等均提出類似之主張。

理之方式係出自民主國家所訴諸之代議機構（國會與議會）與人民對政治決定過程直接參與之需求兩造間所達成之妥協。因而，人民無須只透過代議制表達其意志，亦得直接對政府或民意機關所難以逕自解決的政治問題投票。在與憲法及法律相關之權利義務事項下，人民擁有相當大的投票權限，但非所有的法律、政治決定，皆交由人民公決。畢竟，立法權仍屬國會所有。以歐國言之，瑞士、列支敦士登、義大利、愛爾蘭、丹麥、法國、冰島等（Hamom, 2006: 19-21）實施公投較頻繁，可作為此半直接民主實施國家最好例子。

2. 半代表民主是以代表民主為主，著重代議制，但是混合了部分直接民主之成分。其與代表民主之分別，在於人民得以用公投實際參與決策的部分。在實施半代表民主的國家中，人民不僅是選出國會代表而已，甚可以選票干預總統與行政首長之任命，選民經由頻繁的選舉，擁有對當選者的某些控制權；另一方面，國家並具備如公民投票之直接民主規範，但是在投票實施次數上較半直接民主少，半代表民主只允許人民針對重大之議題行之，此為半代表民主與半直接民主之主要差別。歐國之奧地利、西班牙、瑞典、挪威、盧森堡、芬蘭、希臘、葡萄牙等國均屬此例，惟各國規範及實施之程度卻有分別（ibid）。

3. 代表民主是人民僅侷限於定期選出代表，行使立法權。代表們形同「專家問政」，其形象受人矚目，擅長於各項討論與辯論，並能對預算、法案等做成最後投票決定，唯有他們才能有效地代表人民意志。然而，在代表民主下，代表雖是人民託付權力之「受託人」，依權力運作之行使，本有其正當性，但其缺失在於人民無法在立法期間干預決定過程。通常，代議治理最常被提出之指責，即在於代表者無法真正表達出人民之想法，甚可能有被曲解之嫌，人民意志會被代表者運用不良意圖導致做出錯誤之詮釋，甚至歪曲，最後達至腐化之情況。代議民主不能在政治決定裡得到真正之民主，主要理由就在於所有人民無法全程、完整的參與政治決定過程（Rousseau, 2001: 33-35）。

4. 直接民主規範與實施評比：鄒格與艾蒙以七大評比項目——全國性

投票入憲、強制性憲法複決、人民創制、一般之任意性複決、特別之任意
性複決、直接民主歸類，及投票數量等（Zogg and Hamon, 2006）做出直
接民主規範與實施評比（見表 7-6）。

表 7-6　歐國直接民主規範與實施評比

國家	全國性投票入憲	強制性憲法複決	人民創制	一般之任意性複決[1]	特別之任意性複決[2]	直接民主歸類	全國性投票數量[3]
瑞士	有	有	有[4]	有	有	半直接民主	627
列支敦士登	有	無	有[5]	有	有	半直接民主	99
義大利	有	無	有[6]	有	有	半直接民主	72
愛爾蘭	有	有	無	無	有	半直接民主	34
丹麥	有	有	無	無	有	半直接民主	22
法國	有	有[7]	有	無	有	半直接民主	10
冰島	有	有[12]	無	無	有	半直接民主	10
奧地利	有	有[8]	有[9]	無	有	半代表民主	3
西班牙	有	有[10]	有[11]	無	有	半代表民主	3
瑞典	有	無	無	無	有	半代表民主	15
挪威	無	無	無	無	有	半代表民主	6
盧森堡	有	無	無	無	有	半代表民主	8
芬蘭	有	無	無	無	有	半代表民主	4
希臘	有	無	無	無	有	半代表民主	9
葡萄牙	有	無	無	無	有	半代表民主	4
英國	無	無	無	無	有	半代表民主	3
比利時	無	無	無	無	有	代表民主	1
德國	無	無	無	無	無	代表民主	0
荷蘭	無	無	無	無	有	代表民土	1

資料來源：Zogg and Hamon, 2006。作者重新計算歐洲 19 國全國性投票數量（自 2017 年 4 月止）。
註明：表內註解請見下文。

1. 評比依據

1：依艾蒙之解釋，一般之任意性複決之規範係依憲法規定，並至少曾施行過一次以上。

2：特別之任意性複決亦依憲法規定，但可從未施行過；亦可憲法並未規定，直接由政府或國會施行。

3：各國投票數量經重新計算自 2017 年 4 月止。十次以上得晉升爲半直接民主國。三次以上得晉升爲半代表民主國。

4：瑞士憲法人民創制係自 1874 年起；立法人民創制自 2003 年起（Kaufmann, B. Pichler, JW., 2010: 3-5）。

5：列支敦士登包含了憲法與立法人民創制。

6：義大利之請願權對國會不具強制力，故請願無實施投票之必要（Pizzorusso, 2000: 74-78）。

7：法國強制性憲法複決意謂憲法修正創制案由國會提出，並經國會兩院同意。

8：奧地利強制性憲法複決是在憲法全部修改之情況下進行。

9：奧地利之請願權對國會不具強制力，故請願無實施投票之必要。

10：西班牙強制性憲法複決意謂憲法全部或部分修正，倘涉及基本原則受到影響時。

11：西班牙之請願權對國會不具強制力，故請願無實施投票之必要。

12：冰島強制性憲法複決意謂當修憲而改變路德教會之權力時（Zogg and Hamon, 2006）。

2. 評比標準

從表 7-6 得出七大直接民主規範與實施標準：全國性投票入憲、強制性憲法複決、人民創制、一般之任意性複決、特別之任意性複決、直接民主歸類，及投票數量等。

(1)全國性投票入憲：依世界各國憲法全國性投票之規定。

(2)強制性憲法複決：亦稱修憲複決。依世界各國憲法強制性憲法複

決之規定。

　　(3)人民創制：分為憲法、立法人民創制。依世界各國憲法人民創制之規定。

　　(4) 一般之任意性複決：係依憲法規定，為立法複決。其投票至少曾施行過一次以上。

　　(5)特別之任意性複決：亦依憲法規定，為立法複決。其投票可從未施行過；亦可憲法並未規定，直接由政府或國會施行。

　　(6)直接民主歸類分三種等級：半直接民主、半代表民主、代表民主等。此第一至第三等級分別表示不同等級的國家，實施直接民主的程度不同。

　　(7)投票數量：依評比標準，符合半直接民主，至少實施全國性公投十次以上，且大致具表 7-6(1) 至 (5) 相關之規範；半代表民主至少實施全國性公投三次以上，且部分具表 7-6(1) 至 (5) 相關之規範；代表民主實施全國性公投不及三次，或未曾實施過，且少有或未具表 7-6(1) 至 (5) 相關之規範（ibid）。

3. 等級改良後之歐國

　　如表7-6歐19國劃分三等級：半直接民主、半代表民主、代表民主等。

　　(1)第一等級屬半直接民主國家：作者進一步改良，如將法國與冰島晉升為半直接民主國（原為半代表民主國），主要理由在於法國 2008 年已修憲將人民創制入憲[20]（李昌麟，2014：74-75），並增加全國性公民投票

---

[20] 法國 2008 年修憲後生效之條文，第 11 條：總統依政府在國會會期中之提議下，或經兩院聯合會議，並刊登於政府公報，得訴諸所有涉及公權力組織、國家經社環境政策之改革及相等之公共服務，或未牴觸憲法但可影響現行制度運作之條約批准之所有法案公民複決。當公民複決在政府建議下組成時，兩院同時辯論後公告。依第 1 項所述之公民複決得透過五分之一國會議員，經十分之一合法登記之選民支持下發動公民複決。此創制為建議法案，不得作為頒布未滿一年之法律的廢除。憲法委員會監督前項經組織法限定公民複決所提出範圍之遵行。倘建議法案未經兩院在組織法限定期間完成審查，由總統訴諸公民複決。倘建議法案未獲法國人民投票通過時，任何同主題複決之新建議案在投票後兩年內不得提出。當公民複決做出對法案通過之決定時，總統於諮詢結果宣告十五日後頒布法律。

至十次[21]；冰島之全國性公民投票亦增至十次，並大致具表 7-6 中 (1) 至 (5) 相關之規範。故第一等級屬半直接民主國家擴增為：瑞士、列支敦士登、義大利、愛爾蘭、丹麥、法國、冰島等，其直接民主規範與實施之程度表現優異，堪稱為直接民主典範國。

(2) 第二等級屬半代表民主國家：奧地利、西班牙、瑞典、挪威、盧森堡、芬蘭、希臘、葡萄牙、英國等，其直接民主規範與實施之程度表現中等，此等國家仍有待向上晉升為半直接民主。研究發現英國顯已改變傳統之國會決策模式（Geddes, 2013: 19-23），如英國脫離歐盟改採以全國性公民投票決定，不由國會決定；同時英國之全國性公民投票已達三次，故英國已從代表民主晉升為半代表民主。

(3) 第三等級屬代表民主國家：比利時、德國、荷蘭等，其直接民主規範與實施之程度表現不佳，有待先晉升為半代表民主，之後再邁進成為半直接民主。

如歐 19 國相較，分出半直接民主、半代表民主、代表民主三種等級，在現今經驗式民主治理實證中得知，直接民主與代表民主能互為行使，並產生互補作用，然如前述以公投實踐做為國家在直接民主之晉升愈形重要，當能彌補代表民主之不足。現代民主治理新境界，在於要求世界各國如歐洲經驗般，能相繼晉升為半直接民主或半代表民主。歐 19 國經驗殊值參考，當可做為台灣或其他國家民主治理向上進一步晉升之準據。

三、全球公投系統分析

威利將全球公民投票系統分成六大全國性投票系統，甚具參考價值。作者又進一步研發出東歐系統，共七大系統（如表 7-7）。

---

[21] 參 Centre for Research on Direct Democracy: C2D 數據。

（一）丹麥系統

　　某些國家實施投票仿傚於丹麥系統，投票得經由國會少數發動，此系統與「政黨式」投票相近，屬經驗性政黨式投票。由三分之一以上的國會少數提議，便可交付投票，以做為少數制衡多數的利器。

（二）法國系統

　　某些國家實施投票仿傚於法國系統，投票成為總統權力之工具，投票向來由總統所發動。此系統與「集權式」投票相近。如法國第五共和投票（1961 至 2005 年）十次投票皆由總統所發動。

（三）義大利系統

　　某些國家實施投票仿傚於義大利系統，投票主要之特色在於創制權得經由國會外之人民團體有限的行使。2011 年 6 月 12 日義大利全世界第一國公投廢核。

（四）瑞士系統

　　某些國家實施投票仿傚於瑞士系統，投票主要之特色在於創制權得經由國會外之人民團體行使，換言之，創制權屬於人民所擁有（Kaufmann, Bruno, Rolf Büchi, et al., 2010）。

（五）英式混合系統

　　某些國家實施投票如大英國協 16 國（澳洲、紐西蘭等），以設定特定議題做為投票項目。同例，蘇格蘭已於 2014 年 9 月 18 日舉辦是否獨立

之投票；英國亦於 2016 年 6 月 23 日由人民投票決定離開歐盟。

（六）拉丁美洲系統

某些拉丁美洲國家如 13 國採行多種系統而成，發動投票皆為自發性，非單一系統性之實施（如阿根廷、玻利維亞、巴西、智利、哥倫比亞、哥斯大黎加、厄瓜多爾、巴拿馬、祕魯、委內瑞拉等）（李昌麟，2014：41-44）。

（七）東歐系統

某些國家如東歐 19 國於 1990 年代以民主化或革命完成制定或修改新民主憲法（如立陶宛、斯洛維尼亞、拉脫維亞、匈牙利、白俄羅斯、斯洛維尼亞、波蘭、羅馬尼亞、烏克蘭、俄羅斯、克羅埃西亞、摩爾多瓦、愛沙尼亞、保加利亞、馬其頓、阿爾巴尼亞、塞爾維亞、捷克、波西尼亞等）。

四、研究發現

除西歐 19 國外，本文持續對全世界國家做直接民主規範與實施評比，進而再度確立了東歐系統、美加中美系統、南美系統、澳紐大洋洲系統、亞洲系統、中東系統、非洲系統等。

（一）東歐系統

東歐系統出自於東歐 19 國直接民主規範與公民投票實施之成果，見表 7-7。

表 7-7　東歐國家直接民主規範與實施評比

國家	全國性公投入憲	強制性憲法複決	人民創制	一般之任意複決	特別之任意複決	民主歸類	全國性投票次數
斯洛維尼亞 (1)	有	無	有	有	有	半直接民主	22
立陶宛 (2)	有	有	有	有	有	半直接民主	21
斯洛伐克 (3)	有	有	有	有	有	半直接民主	18
波蘭 (4)	有	無	有	有	有	半直接民主	15
拉托維亞 (5)	有	有	有	有	有	半直接民主	14
匈牙利 (6)	有	有	有	有	有	半直接民主	12
白俄羅斯 (7)	有	有	有	有	有	半直接民主	12
羅馬尼亞 (8)	有	有	有	有	有	半代表民主	8
烏克蘭 (9)	有	有	有	有	無	半代表民主	6
俄羅斯 (10)	有	無	有	有	有	半代表民主	6
保加利亞 (11)	有	無	無	有	有	半代表民主	5
愛沙尼亞 (12)	有	有	無	有	有	半代表民主	4
克羅埃西亞 (13)	有	有	有	有	有	半代表民主	4
摩爾多瓦 (14)	有	有	有	有	有	半代表民主	3
阿爾巴尼亞 (15)	有	無	有	有	有	半代表民主	2
馬其頓 (16)	有	有	有	有	有	半代表民主	2
塞爾維亞 (17)	有	有	無	無	無	代表民主	1
捷克 (18)	有	有	無	無	有	代表民主	1
波士尼亞 (19)	無	無	無	無	有	代表民主	1

資料來源：作者整理。東歐全國性投票數量（自 2017 年 4 月止）。
說明：表內註解請對照下文。

1. 評比依據

(1) 斯洛維尼亞

①憲法第 3 條 a 款：任意性公民投票。

- 標的：加入超國家組織之條約批准案。
- 創制案：由國會提出。
- 效力：具強制性效力。

②憲法第 90 條：任意性公民投票。

- 標的：國會建議案。
- 創制案：由國民議會三分之一議員、或 4 萬選民提出。
- 效力：具強制性效力。

③憲法第 170 條：任意性憲法公民投票。

- 標的：國民議會通過之修憲建議案。
- 創制案：30 位議員提出。
- 法定人數：百分之五十選民投票。
- 效力：具強制性效力。

(2) 立陶宛

①憲法第 9 條：任意性公民投票。

- 標的：涉及重要的國家議題（依憲法第 147、148 條之規定，憲法問題屬國家議題）。
- 創制案：由國會或 30 萬選民提出。
- 法定人數：百分之五十選民投票。
- 效力：具強制性效力。

②憲法第 69 條：任意性公民投票。

- 標的：法律案。
- 創制案：由國會提出。
- 效力：具強制性效力。

③憲法第 147、148 條：強制性公民投票。

- 標的：憲法第 1 條之修訂（原第 1 條規定：立陶宛係獨立的民主共

和國）。

- 創制案：由國會或 30 萬選民提出。須至少占四分之三選民人數前往投票，方爲有效。

④憲法第 151、152 條：強制性公民投票。

- 標的：新憲法之通過。須過半數之選民前往投票，方爲有效。

(3) 斯洛伐克

①憲法第 7、93 條：強制性公民投票。

- 標的：加入或退出與他國間之聯盟。

②憲法第 93 條：強制性公民投票。

- 標的：憲法法案之表決。

③憲法第 86、93、95、102 條：任意性公民投票。

- 標的：公共利益議題。
- 創制案：35 萬選民或國會提出，並由總統召集舉辦公民投票。
- 法定人數：百分之五十選民投票。
- 效力：具強制性效力（依該國憲法第 99 條 c 款之規定：三年內不能提出與該次公民投票同樣的議題；公民投票如通過，三年內不能再依修憲或廢止法律的理由，將其修訂或廢止）。

(4) 波蘭

①憲法第 90 條：任意性公民投票。

- 標的：代表國家與超國家組織簽訂國際條例。
- 創制案：由下議院或總統經參議院同意後提出。須過半數選民前往投票，方爲有效。

②憲法第 125 條：任意性公民投票。

- 標的：國家重要議題。
- 創制案：由下議院或總統經參議院同意後提出。須過半數選民前往投票，方爲有效。

③憲法第 235 條：任意性公民投票。

- 標的：經兩院國會所通過之憲法第一、二及十二章修憲案。

- 創制案：由總統、參議院或五分之一國會議員提出。
- 效力：具強制性效力。

(5) 拉脫維亞

①憲法第 48 條：任意性公民投票。

- 標的：解散國會。
- 創制案：由總統提出。
- 效力：具強制性效力。

②憲法第 68 條第 2 款：強制性公民投票。

- 標的：加入歐洲聯盟。
- 創制案：由國會提出（依該國憲法第 79 條 c 款之規定，投票人數須達至最近一次國會選舉選民半數以上才算通過）。
- 效力：具強制性效力。

③憲法第 68 條第 3 款：任意性公民投票。

- 標的：加入歐洲聯盟憲法條款修訂。
- 創制案：由三分之一國會議員提出。

④憲法第 72 條：任意性公民投票。

- 標的：對新法之生效有爭議。
- 創制案：由總統或國會三分之一議員請求新法於通過後七日內停止生效；同時，亦得經十分之一選民提出對該新法廢止的公民投票，除非國會重新以四分之三過半數表決通過該新法者，不再此限（依該國憲法第 79 條 c 款之規定，投票人數須達至最近一次國會選舉選民半數以上才算通過）。

⑤憲法第 77 條：強制性公民投票。

- 標的：憲法第 1、2、3、4、6 及 77 條之修訂。
- 法定人數：符合所有選民過半人數投票方為有效。

⑥憲法第 78 條：任意性公民投票。

- 標的：修憲建議案。
- 創制案：在國會否決對法案之通過後，由百分之十選民提出請求。

同時，投票人數須符合所有選民之過半數方為有效。

(6) 匈牙利

①憲法第 28 條 c 之 2 款：任意性公民投票。

- 標的：一般議題。
- 創制案：20 萬選民提出。
- 法定人數：相對多數（四分之一選民人數通過即可）。

②憲法第 28 條 c 之 4 款：任意性公民投票。

- 標的：一般議題。
- 創制案：三分之一國會議員之建議、總統、政府或 10 萬選民提出。
- 法定人數：相對多數（四分之一選民人數通過即可）。

③憲法第 79 條：強制性公民投票。

- 標的：加入歐洲聯盟。
- 效力：具強制性效力。

(7) 白俄羅斯

①憲法第 140 條第四章：強制性公民投票。

- 標的：該憲法第一、二、四、七章之修訂。
- 法定人數：百分之五十選民投票。
- 效力：投票以多數決即通過。

②憲法第 147、149 條：任意性公民投票。

- 標的：該憲法其他章節之修訂。
- 創制案：15 萬選民請求下由國會提出，或由 40 位議員、總統、憲法法院提出。
- 法定人數：百分之五十選民投票。
- 效力：投票以多數決即通過。

③憲法第 74 條：任意性公民投票。

- 標的：國家與公共事務議題。
- 創制案：總統請求下由國會提出，或由國會兩院、45 萬選民（每區域及敏斯科市至少須 3 萬選民）提出。

• 法定人數：百分之五十選民投票。

• 效力：具強制性效力。

④憲法第 77 條：強制性公民投票。

• 標的：經公民投票通過之修訂或廢止條文。

• 法定人數：百分之五十選民投票。

• 效力：具強制性效力。

(8) 羅馬尼亞

①憲法第 90 條：任意性公民投票。

• 標的：國家利益議題。

• 創制案：總統與國會協商後提出。

• 效力：具強制性效力。

②憲法第 95 條：強制性公民投票。

• 標的：總統違反國家憲法，情節重大須停止其職務。

• 創制案：國會通過對總統停止職務的建議案後，由國會提出。

• 效力：具強制性效力。

③憲法第 150、151 條：任意性公民投票。

• 標的：修憲議題。

• 創制案：由總統針對政府建議案提出，或由四分之一議員、50 萬選
  民提出。該修憲案亦須事先經國會兩院三分之二議員過半數通過。

• 效力：具強制性效力。

(9) 烏克蘭

①憲法第 72、85、106 條：任意性公民投票。

• 標的：一般議題。

• 創制案：由國會、總統或 300 萬選民提出。

• 效力：具強制性效力。

②憲法第 73 條：強制性公民投票。

• 標的：涉及領土完整的損害。

• 效力：具強制性效力。

③憲法第 106、156 條：強制性公民投票。
- 標的：涉及該國憲法第一、三、十三章之修訂。
- 效力：具強制性效力。

(10) **俄羅斯**

①憲法第 84 條及 2004 年 6 月 28 日公民投票法：任意性公民投票。
- 標的：一般性議題。
- 創制案：200 萬市民發起，並由總統決定之。
- 法定人數：百分之五十選民投票。
- 效力：具強制性效力。

②憲法第 135 條第 3 款：任意性公民投票。
- 標的：新憲法之通過。
- 創制案：憲法會議。
- 法定人數：百分之五十選民投票。
- 效力：具強制性效力（Suksi, 1993: 41-42）。

(11) **保加利亞**

①憲法第 84 條：任意性公民投票。
- 標的：國家利益議題（憲法、國會、國家預算、稅捐、司法等議題不在此標的範圍）。
- 創制案：由四分之一國會議員、總統、部長會議提出。
- 效力：具諮詢性效力。

(12) **愛沙尼亞**

①憲法第 162 條：強制性公民投票。
- 標的：憲法第一章或第十五章之修訂。
- 效力：具強制性效力。

②憲法第 65、163、164 條：任意性公民投票。
- 標的：修憲。
- 創制案：由國會五分之三議員提出。
- 效力：具強制性效力。

③憲法第 105、106 條：任意性公民投票。

- 標的：法律案、國家議題。

- 創制案：由國會提出（如任一法案經投票未獲致半數選民之票數，此時總統須展開另一國會特別選舉）。

(13) 克羅埃西亞

①憲法第 141 條：強制性公民投票。

- 標的：加入或退出與他國間之聯盟議題。

- 效力：具強制性效力，選民過半數投票通過。

②憲法第 80、86 條第 1 款：任意性公民投票。

- 標的：修憲、法律案、國會權限等議題。

- 創制案：由國會或百分之十選民提出。

- 法定人數：百分之五十選民投票。

- 效力：具強制性效力。

③憲法第 86 條第 2 款、第 97 條：任意性公民投票。

- 標的：修憲、國家獨立及國家團結等議題。

- 創制案：由總統（在政府與總理副署之建議下）、或百分之十選民提出。

- 決定是否投票：如屬人民創制須由國會決定；如屬複決則由總統決定。

- 法定人數：百分之五十選民投票。

- 效力：具強制性效力。

(14) 摩爾多瓦

①憲法第 66、75、88、141 條及 2002 年選舉法：任意性公民投票。

- 標的：修憲。

- 創制案：由國會三分之一議員、總統、政府、或 20 萬選民（依該國選舉法之規定）提出，並由國會決定是否訴諸公民投票。

- 法定人數：百分之五十選民投票。

- 效力：具強制性效力（依選舉法之規定）。

②憲法第 66、75、88、141 條及 2002 年選舉法：任意性公民投票。

- 標的：涉及國家緊急危難議題。
- 創制案：由國會三分之一議員、總統、政府、或 20 萬選民（依該國選舉法之規定）提出。
- 決定權：國會除創制案由國會議員本身提出外，無法拒絕公民投票的請求。
- 效力：具諮詢性效力（依選舉法之規定）。

③憲法第 66、75、88 條及 2002 年選舉法：任意性公民投票。

- 標的：涉及國家緊急危難法案。
- 創制案：由國會三分之一議員、總統、政府、或 20 萬選民（依該國選舉法之規定）提出。
- 決定權：國會除創制案由國會議員本身提出外，無法拒絕公民投票的請求。
- 效力：具強制性效力（依選舉法之規定）。

④憲法第 142 條及 2002 年選舉法：強制性公民投票。

- 標的：國家統一、中立及主權獨立。
- 創制案：由國會三分之一議員、總統、政府、或 20 萬選民（依該國選舉法之規定）提出。須過半數之選民投票贊成或反對，方為有效。

(15) 阿爾巴尼亞

①憲法第 150 條第 1 項：任意性公民投票。

- 標的：法律的廢止。
- 創制案：5 萬市民提出。

②憲法第 150 條第 1 項：任意性公民投票。

- 標的：特定議題。
- 創制案：5 萬市民請求下由總統提出。

③憲法第 150 條第 2 項：任意性公民投票。

- 標的：法案或特定議題。

• 創制案：五分之一國會議員或於部長會議提出。

④憲法第 177 條第 4 項：任意性公民投票。

• 標的：修憲案。

• 創制案：三分之二國會議員提出（依該國選舉法之規定，獲得所有選民三分之一票數即算通過）。

⑤憲法第 177 條第 5 項：任意性公民投票。

• 標的：經三分之二國會議員通過之修憲案。

• 創制案：五分之一國會議員提出，具強制效力（依該國選舉法之規定，所有選民之半數如投票拒絕該修憲案，則無法生效）。

(16) 馬其頓

①憲法第 68、73 條：任意性公民投票。

• 標的：屬國會權限議題。

• 創制案：由國會或 15 萬選民提出，並由國會舉辦公民投票。

• 法定人數：百分之五十選民投票。

• 效力：具強制性效力。

②憲法第 74 條：強制性公民投票。

• 標的：國家疆界修訂。須經國會議員三分之二過半數通過。投票人數須達至所有選民之過半數，方為有效。

• 效力：具強制性效力。

③憲法第 120 條第 III 部分：強制性公民投票。

• 標的：加入或退出超國家共同體聯盟。投票人數須達至所有選民之過半數，方為有效。

• 效力：具強制性效力。

(17) 塞爾維亞—蒙特內哥羅

①憲法第 60 條：強制性公民投票。

• 標的：退出塞爾維亞—蒙特內哥羅聯盟。

• 效力：具強制性效力。

(18) 捷克

①憲法第 10 條 a 款及第 62 條：強制性公民投票。

②依該國憲法第 10 條之規定，涉及國際條約批准之修憲案須訴諸公民投票。

- 標的：加入歐洲聯盟。
- 創制案：由總統提出。
- 效力：具強制性效力。

(19) 波士尼亞—赫塞哥維納

該國憲法並無與公民投票相關條例的規範（陳隆志、陳文賢等，2011；李昌麟，2014：124-141）。

2. 等級比較

(1)第一等級屬半直接民主國家：斯洛維尼亞、立陶宛、斯洛伐克、波蘭、拉托維亞、匈牙利、白俄羅斯等，其直接民主規範與實施之程度表現優良，與上述西歐國家般，堪稱為直接民主典範國。

(2)第二等級屬半代表民主國家：羅馬尼亞、烏克蘭、俄羅斯、保加利亞、愛沙尼亞、克羅埃西亞、摩爾多瓦、阿爾巴尼亞、馬其頓等，其直接民主規範與實施之程度表現中等，仍有待向上晉升為半直接民主。

(3)第三等級屬代表民主國家：塞爾維亞、捷克、波士尼亞等，其直接民主規範與實施之程度表現不佳，有待先晉升為半代表民主，之後再邁進成為半直接民主。

（二）美加與中美系統

美國、加拿大與中美國家共 15 國之直接民主規範與實施評比，見表 7-8[22]。

---

[22]　參 Centre for Research on Direct Democracy: C2D 數據，及世界憲法大全。

表 7-8　美加與中美國家直接民主規範與實施評比

國家	全國性公投入憲	強制性憲法複決	人民創制	一般任意複決	特別任意複決	民主歸類	全國性投票次數
波多黎各 (11)	有	有	無	無	有	半直接民主	30
海地 (7)	無	有	無	有	有	半直接民主	21
墨西哥 (4)	無	無	無	有	有	半代表民主	16
瓜地馬拉 (12)	無	有	無	無	無	半代表民主	7
巴拿馬 (5)	無	有	無	無	無	半代表民主	6
哥斯大黎加(2)	有	有	有	有	有	半代表民主	3
加拿大 (1)	有	有	有	無	無	半代表民主	3
多明尼加 (3)	無	無	無	無	無	代表民主	2
貝里斯 (13)	無	無	無	無	無	代表民主	2
宏都拉斯 (8)	有	有	有	有	有	代表民主	1
牙買加 (10)	無	無	無	無	無	代表民主	1
美國 (6)	無	無	無	無	無	代表民主	0
薩爾瓦多 (14)	無	無	無	無	無	代表民主	0
尼加拉瓜 (15)	無	無	無	無	無	代表民主	0
巴哈馬 (9)	無	無	無	無	有	代表民主	0

資料來源：作者整理。
說明：表內註解請見下文。

1. 評比依據

(1)加拿大公投由憲法規定或議會制定。公投之舉行得由政府或民眾發起。公投是與憲法相關之諮詢性公投。共三次全國性公投，其中一次：聯邦憲法修憲公投。

(2)哥斯大黎加修憲公投，投票人數須達總選舉人數四成，一般法案的創制複決投票人數，則須總選舉人數三成。曾以公投決定是否與美國進行自由貿易活動。

(3)多明尼加憲法無公投及人民創制規定，共二次全國性公投。

(4)依墨西哥憲法無公民投票之規定。修憲依第 135 條之規定，僅須國會的三分之二多數投票表決同意，無需公民複決。共十六次公投，最近之公投，主要在確認原住民有無受憲法保障，及朝向和平非軍事化之議案。

(5)依巴拿馬憲法無人民創制之規定。憲法第 313、314 條有關修憲、制憲，須經由公投複決。共六次公投：二次巴拿馬運河事件；四次憲法修改。

(6)依美國憲法，無全國性公投。惟各州地方公民投票蓬勃發展。美國未舉辦全國性公投。

(7)依海地憲法第 58 條，公民以下列方式直接行使主權：選舉共和國總統；選舉國會議員。海地共舉行過二十一次公投，包括憲法公投。

(8)依宏都拉斯憲法第 2 條，人民得透過公投行使主權。第 5 條：為強化與實踐參與式民主，將全民公投做為對國家基本重大事項向公民諮詢之制度。公投只有一次。

(9)依巴哈馬憲法無公投、人民創制之規定。公投皆未通過。

(10) 牙買加憲法無人民創制、公投規定。只有一次特赦公投，未通過。

(11) 波多黎各 1951 年、1952 年公投贊成新憲法及自由邦聯。其憲法有人民創制、公投規定。

(12) 瓜地馬拉修憲公投 7 次。無人民創制規定。

(13) 貝里斯憲法無人民創制、公投規定。

(14) 薩爾瓦多憲法無人民創制、公投規定。

(15) 尼加拉瓜憲法無人民創制、公投規定（IDEA, 2008）。

2. 等級比較

(1)第一等級屬半直接民主國家：波多黎各、海地等，其直接民主規範與實施之程度表現優良，堪稱為直接民主典範國。

(2)第二等級屬半代表民主國家：墨西哥、瓜地馬拉、巴拿馬、哥斯大黎加、加拿大等，其直接民主規範與實施之程度表現中等，有待向上晉

升爲半直接民主。

　　(3)第三等級屬代表民主國家：多明尼加、貝里斯、宏都拉斯、牙買加、美國、薩爾瓦多、尼加拉瓜、巴哈馬等，其直接民主規範與實施之程度表現不佳，有待先晉升爲半代表民主，之後再邁進成爲半直接民主。

（三）南美系統

　　拉丁美洲包括南美系統。以下就 12 國直接民主規範與實施做評比，見表 7-9[23]。

表 7-9　南美國家直接民主規範與實施評比

國家	全國性投票入憲	強制性憲法複決	人民創制	一般之任意性複決	特別之任意性複決	民主歸類	全國性投票數量
厄瓜多 (1)	有	有	無	有	有	半直接民主	55
烏拉圭 (2)	有	有	有	有	有	半直接民主	34
玻利維亞 (3)	有	有	有	有	有	半直接民主	20
哥倫比亞 (4)	有	有	無	有	有	半直接民主	20
智利 (5)	有	有	無	有	有	半直接民主	14
委內瑞拉 (6)	有	有	無	有	有	半代表民主	9
巴西 (7)	有	有	有	有	有	半代表民主	9
祕魯 (8)	有	有	有	有	有	半代表民主	5
巴拉圭 (9)	有	有	無	有	有	半代表民主	3
阿根廷 (10)	有	有	有	無	有	代表民主	1
蘇利南 (11)	無	無	無	無	有	代表民主	1
圭亞那 (12)	無	無	無	無	有	代表民主	1

資料來源：作者整理。
說明：表內註解請見下文。

---

[23]　參 Centre for Research on Direct Democracy: C2D 數據，及世界憲法大全。

1. 評比依據

(1)厄瓜多憲法第 103、104、106 條規定公民投票。無人民創制。共五十五次公投。

(2)烏拉圭憲法第 304、331 條規定公民投票。具人民創制。共三十四次公投，烏拉圭堪稱「南美洲瑞士」。

(3)玻利維亞憲法第 3、11、257、259、260、266、411 條規定公民投票。第 11 條並規定公民立法創制，共二十次公投。

(4)倫比亞憲法第 40、170、241、377、379 條規定公民投票。無人民創制，共二十次公投。

(5)智利憲法第15、18 條規定公民投票。無人民創制。共十四次公投。

(6)委內瑞拉憲法第 71 條規定公民投票。無人民創制。九次公投，有四次為強制性憲法複決。

(7)巴西憲法第 14 條規定公民投票。無人民創制，共九次公投。

(8)秘魯憲法第 32 條規定公民投票。有人民創制，共五次公投。

(9)巴拉圭憲法第 121、122、273、290 條規定公民投票。無人民創制，共三次公投。

(10) 阿根廷憲法第 39 條規定人民創制；第 40 條規定公民複決。只有一次公投。

(11) 蘇利南憲法中無公民投票規定。只有一次公投。

(12) 圭亞那憲法中無公民投票規定。只有一次公投。

2. 等級比較

(1)第一等級屬半直接民主國家：厄瓜多、烏拉圭、玻利維亞、哥倫比亞、智利等，其直接民主規範與實施之程度表現優良，堪稱為直接民主典範國。

(2)第二等級屬半代表民主國家：委內瑞拉、巴西、祕魯、巴拉圭等，其直接民主規範與實施之程度表現中等，有待向上晉升為半直接民主。

(3)第三等級屬代表民主國家：阿根廷、蘇利南、圭亞那等，其直接民主規範與實施之程度表現不佳，有待先晉升為半代表民主，之後再邁進

成為半直接民主。

（四）亞洲系統

以下為亞洲 16 國直接民主規範與實施評比，見表 7-10[24]。

表 7-10　亞洲國家直接民主規範與實施評比

國家	全國性投票入憲	強制性憲法複決	人民創制	一般之任意性複決	特別之任意性複決	民主歸類	全國性投票數量
亞塞拜然	無	有	有	無	有	半直接民主	40
菲律賓	無	有	有	無	有	半直接民主	22
台灣 (1)	無	有	有	無	有	半代表民主	6
南韓 (2)	有	有	有	無	無	半代表民主	6
亞美尼亞	無	有	有	無	有	半代表民主	5
泰國 (3)	無	有	有	無	有	代表民主	1
東帝汶	無	有	無	無	有	代表民主	1
斯里蘭卡	無	有	無	無	有	代表民主	1
不丹	無	有	無	無	有	代表民主	0
日本 (4)	有	有	有	無	無	代表民主	0
巴基斯坦 (5)	無	有	無	無	無	代表民主	2
尼泊爾 (6)	無	有	無	無	無	代表民主	2
緬甸 (7)	無	有	無	無	無	代表民主	2
新加坡 (8)	無	有	無	無	無	代表民主	1
蒙古 (9)	無	有	無	無	無	代表民主	1
印度	無	無	無	無	無	代表民主	0

資料來源：作者整理。
說明：表內註解請見下文。

---

[24]　參 Centre for Research on Direct Democracy: C2D 數據，及世界憲法大全。

1. 評比依據

(1)台灣依憲法增修條文、公投法之規定,具修憲複決及人民創制。惟六次全國性公投結果皆因投票人數不足而宣告無效,造成公投失敗案例。

(2)南韓歷次均為憲法公投,複決總統提案或修憲案。

(3)泰國具強制憲法複決及人民創制。

(4)日本能對修憲公民複決。

(5)巴基斯坦二次公投。

(6)尼泊爾二次公投。

(7)緬甸二次公投。

(8)新加坡一次馬來亞統一公投。具修憲公民複決。

(9)蒙古一次公投獨立。國會法案得進行公民複決。

2. 等級比較

(1)第一等級屬半直接民主國家:亞塞拜然、菲律賓等,其直接民主規範與實施之程度表現優良,堪稱為直接民主典範國。

(2)第二等級屬半代表民主國家:台灣、南韓、亞美尼亞等,其直接民主規範與實施之程度表現中等,有待向上晉升為半直接民主。

(3)第三等級屬代表民主國家:泰國、東帝汶、斯里蘭卡、不丹、日本、巴基斯坦、尼泊爾、緬甸、新加坡、蒙古、印度等,其直接民主規範與實施之程度表現不佳,有待先晉升為半代表民主,之後再邁進成為半直接民主。

(五)澳紐與大洋洲系統

澳洲、紐西蘭與大洋洲共 13 國直接民主規範與實施評比,見表 7-11[25]。

---

[25] 參 Centre for Research on Direct Democracy: C2D 數據,及世界憲法大全。

表 7-11　澳紐與大洋洲國家直接民主規範與實施評比

國家	全國性投票入憲	強制性憲法複決	人民創制	一般之任意性複決	特別之任意性複決	民主歸類	全國性投票數量
密克羅尼西亞 (8)	有	有	無	無	有	半直接民主	57
澳洲 (1)	有	有	無	有	有	半直接民主	51
馬紹爾群島 (10)	有	有	無	無	有	半直接民主	39
帛琉 (11)	有	有	有	無	有	半直接民主	32
紐西蘭 (3)	無	無	無	有	有	半直接民主	107
薩摩亞 (7)	無	有	無	無	有	半代表民主	4
吐瓦魯 (12)	無	無	無	無	有	半代表民主	3
諾魯 (13)	有	有	無	無	有	代表民主	1
吉里巴斯 (9)	有	有	無	無	有	代表民主	1
巴布亞紐幾內亞 (2)	無	無	無	無	無	代表民主	0
斐濟 (4)	無	無	無	無	無	代表民主	0
索羅門群島 (5)	無	無	無	無	無	代表民主	0
萬那杜 (6)	無	無	無	無	無	代表民主	0

資料來源：作者整理。
說明：表內註解請見下文。

1. 評比依據

(1)澳洲憲法規定，凡修憲須經公民複決同意。澳洲憲法第 128 條 1-4 及 1-5 款規定修憲須經半數以上具有投票資格的公民複決同意後，交由英國女王批准。無人民創制規定。是議會民主內閣制，惟行使公投甚爲頻繁。屬半直接民主。共五十一次公民投票，皆與修憲相關。

(2)巴布亞紐幾內亞憲法無公投規定。未舉辦公民投票。屬代表民主。

(3)紐西蘭無強制性憲法複決、無一般任意性複決。屬內閣制。惟得

對特別議題，如選制、是否接受外來移民進行公投，故具特別之任意性立法複決。共一百零七次公投，屬半直接民主。

(4)斐濟憲法無公民投票規定。未舉辦公民投票，屬代表民主。

(5)索羅門群島憲法無公民投票規定。未舉辦公民投票，屬代表民主。

(6)萬那杜憲法無公民投票規定。未舉辦公民投票，屬代表民主。

(7)薩摩亞憲法第 109 條規定，修憲須經半數以上具投票資格公民複決同意後，交由總統批准。無人民創制規定，共四次公投。

(8)密克羅尼西亞憲法第 1、14 條規定修憲，及其他地區如加入密克羅尼西亞須經半數以上具投票資格公民複決同意後，交由總統批准。無人民創制規定。共五十七次公投，屬半直接民主。

(9)吉里巴斯憲法第 69 條規定，修憲須經半數以上具投票資格公民複決同意後，交由總統批准。無人民創制規定，共一次公投：是否同意巴拉巴人繼續住拉比島。屬代表民主。

(10) 馬紹爾群島憲法第 40 條規定，凡修憲須經公民複決過半數同意。無人民創制規定，共三十九次公投，皆與修憲相關。屬半直接民主。

(11) 帛琉憲法第 2 條第 3 項、第 13 條第 3、6、14、14-1 項規定須公民複決。修憲須經半數以上具投票資格公民複決同意。具人民創制規定，共三十二次公投，皆與修憲相關。屬半直接民主。

(12) 吐瓦魯憲法無公民投票規定。惟舉辦三次公投：決定國體及是否同意從吉爾伯特群島獨立，屬半代表民主。

(13) 依諾魯憲法第 84 條之規定，修憲須公民複決，具強制憲法複決。無人民創制規定，共一次決定國體公投，屬代表民主。

2. 等級比較

(1)第一等級屬半直接民主國家：密克羅尼西亞、澳洲、馬紹爾群島、帛琉、紐西蘭等，其直接民主規範與實施之程度表現優良，堪稱為直接民主典範國。

(2)第二等級屬半代表民主國家：薩摩亞、吐瓦魯等，其直接民主規

範與實施之程度表現中等，有待向上晉升為半直接民主。

(3)第三等級屬代表民主國家：諾魯、吉里巴斯、巴布亞紐幾內亞、斐濟、索羅門群島、萬那杜等，其直接民主規範與實施之程度表現不佳，有待先晉升為半代表民主，之後再邁進成為半直接民主。

（六）中東系統

中東 19 國之直接民主規範與實施評比，見表 7-12[26]。

表 7-12 中東國家直接民主規範與實施評比

國家	全國性投票入憲	強制性憲法複決	人民創制	一般之任意性複決	特別之任意性複決	直接民主歸類	全國性投票數量
埃及 (2)	有	有	無	有	有	半直接民主	29
敘利亞	有	有	無	有	有	半直接民主	16
土耳其	有	有	無	無	有	半代表民主	7
亞美尼亞	有	有	無	無	有	半代表民主	5
伊拉克	有	有	無	無	有	半代表民主	3
伊朗	有	有	無	無	有	半代表民主	3
巴林 (1)	有	有	有	無	有	半代表民主	2
巴基斯坦	有	有	無	無	有	代表民主	2
葉門	無	無	無	無	有	代表民主	2
卡達	無	無	無	無	有	代表民主	1
賽普勒斯	無	無	無	無	無	代表民主	0
阿富汗	無	無	無	無	無	代表民主	0
黎巴嫩	無	無	無	無	無	代表民主	0
約旦	無	無	無	無	無	代表民主	0
科威特	無	無	無	無	無	代表民主	0

[26] 參 Centre for Research on Direct Democracy: C2D 數據，及世界憲法大全。

表 7-12　中東國家直接民主規範與實施評比（續）

國家	全國性投票入憲	強制性憲法複決	人民創制	一般之任意性複決	特別之任意性複決	直接民主歸類	全國性投票數量
阿拉伯聯合大公國	無	無	無	無	無	代表民主	0
阿曼	無	無	無	無	無	代表民主	0
以色列	有	有	無	無	無	代表民主	0
沙烏地阿拉伯	無	無	無	無	無	代表民主	0

資料來源：作者整理。
說明：表內註解請見下文。

1. 評比依據

(1)中東國家除巴林外少有人民創制。

(2) 普遍受國際關注之國家如埃及、敘利亞等，公投之規範較符合國際標準，公投實施成效較顯著。

2. 等級比較

(1)第一等級屬半直接民主國家：埃及、敘利亞等，其直接民主規範與實施之程度表現優良，堪稱爲直接民主典範國。

(2)第二等級屬半代表民主國家：土耳其、亞美尼亞、伊拉克、伊朗、巴林等，其直接民主規範與實施之程度表現中等，有待向上晉升爲半直接民主。

(3)第三等級屬代表民主國家：巴基斯坦、葉門、卡達、賽普勒斯、阿富汗、黎巴嫩、約旦、科威特、阿拉伯聯合大公國、阿曼、以色列、沙烏地阿拉伯等，其直接民主規範與實施之程度表現不佳，有待先晉升爲半代表民主，之後再邁進成爲半直接民主。

（七）非洲系統

非洲 19 國直接民主規範與實施評比，見表 7-13[27]。

表 7-13　非洲國家直接民主規範與實施評比

國家	全國性投票入憲	強制性憲法複決	人民創制	一般之任意性複決	特別之任意性複決	直接民主歸類	全國性投票數量
博茨瓦納 (1)	有	有	有	有	有	半直接民主	12
阿爾及利亞 (2)	有	有	有	有	有	半直接民主	11
摩洛哥	無	無	無	有	有	半直接民主	11
科摩羅	有	有	有	有	有	半代表民主	9
貝寧	無	無	有	有	有	半代表民主	7
剛果共和國	有	有	有	有	有	半代表民主	7
中非共和國	無	無	無	有	有	半代表民主	5
布吉納法索 (3)	有	有	無	有	有	半代表民主	5
迦納	無	無	無	有	有	半代表民主	4
布隆迪	有	無	有	有	有	半代表民主	4
塞內加爾	有	有	無	有	有	半代表民主	4
蘇丹	有	有	無	有	有	半代表民主	4
南非共和國	無	無	無	有	有	半代表民主	3
查德	有	有	無	有	有	半代表民主	3
烏干達	有	有	無	有	無	半代表民主	3
象牙海岸	無	無	無	有	有	代表民主	2
喀麥隆	無	無	無	有	有	代表民主	2
肯亞	有	有	無	有	有	代表民主	2
突尼西亞	無	無	無	有	有	代表民主	1

資料來源：作者整理。
說明：表內註解請見下文。

---

[27]　參 Centre for Research on Direct Democracy: C2D 數據，及世界憲法大全。

1. 評比依據

(1)依博茨瓦納憲法第 89 條之規定，具強制憲法複決及人民創制。

(2)依阿爾及利亞 1989 年憲法第 165 條之規定，修憲須公投，由全民投票批准。

(3)依布吉納法索憲法第 147 條之規定，凡加入邦聯、聯邦或非洲國家聯盟之協定，須經公投由人民同意之。

2. 等級評比

(1)第一等級屬半直接民主國家：博茨瓦納、阿爾及利亞、摩洛哥等，其直接民主規範與實施之程度表現優良，堪稱爲直接民主典範國。

(2)第二等級屬半代表民主國家：科摩羅、貝寧、剛果共和國、中非共和國、布吉納法索、迦納、布隆迪、塞內加爾、蘇丹、南非共和國、查德、烏干達等，其直接民主規範與實施之程度表現中等，有待向上晉升爲半直接民主。

(3)第三等級屬代表民主國家：象牙海岸、喀麥隆、肯亞、突尼西亞等，其直接民主規範與實施之程度表現不佳，有待先晉升爲半代表民主，之後再邁進成爲半直接民主。

五、研究建議

台灣雖自 2003 年完成公投法之制定（曹金增，2004），並於 2004 及 2008 年陸續舉辦過六次全國性投票，然投票結果皆因投票人數不足而宣告無效，造成失敗的案例。如究其失敗之根本原因，乃在於對直接民主、創制複決投票本身之認識不足；公投法規定不周延，投票人數取決於選舉人過半數，甚難通過，因而被譏爲「鳥籠公投」，與先進國家公投之行使，呈現很大差異。台灣對於直接民主治理與公投之施行欠缺一套完善系統化制度，故難與世界投票系統接軌。有鑑於此，本文特以全世界公民投票（創制複決）評比提出探討，以下做出八點建議：

1.透過鄒格與艾蒙等所提出半直接民主、半代表民主、代表民主等民主治理學之論點，研究出世界大多數國家早已實施代表民主與直接民主相混合之制度，半直接民主與半代表民主已成為 21 世紀民主治理之新顯學。而台灣似仍實施立法院單一國會代表民主制，實難與國際現勢相合。

2.本文援引鄒格與艾蒙論點，以全國性投票入憲、強制性憲法複決、人民創制、一般之任意性複決、特別之任意性複決、直接民主歸類，及全國性投票數量等七項檢視標準，做出全世界 132 國直接民主規範與實施比較，具參考價值。

3.本文採系統歸納分析法，由於各國創制複決投票之規範不盡相同，投票實施之程度亦不一，故劃分成半直接民主、半代表民主、代表民主等三種不同等級。共得出 33 國為半直接民主，49 國為半代表民主，50 國為代表民主。大體上，半直接民主國，其憲法及國會法皆規定了大部分創制複決權，且實施公民投票不遺餘力。半代表民主國之憲法或國會法亦規範了部分創制複決權，惟在公民投票之實施仍有限。代表民主國未或少具備創制複決規範，且從未或實施公民投票不足。研究發現全世界公投有愈來愈多之趨勢（LI, 2015: 220-228），故可看出公投之行使愈趨重要。

4.全國性公投日趨重要（Altman, 2011: 7-10），具模範之西歐國家，在投票發動時，幾已不受公權力監督（Butler and Ranney, 1994），主要理由在於投票已大致制度化，值得台灣公投今後在推動時參考。

5.本研究依全球實施公投現況，得出丹麥系統、法國系統、義大利系統、瑞士系統、英式混和系統、東歐系統、美加中美系統、南美系統、澳紐大洋洲系統、亞洲系統、中東系統、非洲系統等共十二大系統。

6.「他山之石，可以攻錯」。全世界實施公投之經驗，值得借鏡。如台灣公投系統他日能與世界系統接軌，則我國未來邁入成熟民主已開發國家之林，指日可待。

7.台灣雖已有公投法，然只是法律規範，屬立法層次，仍未及全世界為憲法所規範，屬憲法層次。台灣應進行憲法改造，政府尤應率先倡導直接民主，並教導訓練人民如何行使創制複決權，俾助國人增進公民權利意

識，最後達成共識。

　　8.目前從事全世界公投實證比較之研究，並不多見。本研究堪稱首創，共進行 132 國家之比較，具參考價值。

六、結　論

　　本文擷取知名學者鄒格與艾蒙等直接民主治理論點，進行全世界 132 國直接民主規範與公民投票實施次數評比，採宏微觀之系統歸納比較法，研究成果得出 33 國為半直接民主，49 國為半代表民主，50 國為代表民主，共計為數 1,669 次全國性公投之實施。

　　本研究特為 21 世紀新民主治理學立下了新的詮釋與註解，及提供了研究直接民主與公投嶄新之實證研究方向，具研究參考價值。

第四節

The rising of initiative and referendum for the replacement of the decline of parliaments

　　Inspired by the precursor of Political Science Lord James Bryce who pointed out "the decline of parliaments" (1921), this paper will be dedicated to emphasize the rising of initiative and referendum and its theory of direct democracy. Governance model on direct democracy:

　　Use the governance model on direct democracy such as semi-direct democracy and semi-representative democracy presented by Serge Zogg (1996), and make the systematic analysis from its research structure. Based on the examinations of the seven standards of initiative and referendum for example national referendum into the Constitution, obligatory constitutional referendum, popular initiative, ordinary facultative referendum, extraordinary facultative referendum, democratic system typology, national referendum volume etc. presented by Hamon (2006), to make a classification and comparison for nineteen countries in Europe.

Analysis on the initiative and referendum: The tendency of the global to practice on the initiative and referendum is becoming more increasing. According to the indication of "Initiative and Referendum Institute Europe", up to the year of 2010, the national referendums have reached to 1538 cases around the world. Discuss the reason why the global practice on the initiative and referendum is becoming increasing ? Do the systematic analysis according to the new data on the national referendums practiced in the whole world (such as phenomenon shows that the volumes are increased on the national referendum, spread situation for each country etc.).

Comparison on the global national referendums: Based on three voting models (centralization, decentralizaton, political party), and six systems of national referendums (Denmark, France, Italy, Switzerland, British combination such as New Zealand and Australia, Latin America etc), to make a comparison and related case study analysis.

Introduction

The precursor of Political Science Lord James Bryce pointed out "the decline of parliaments" (1921), entitled on 58 chapter of his book, due to the rising of political parties and influence groups, so that "the dignity and the moral influence of parliaments are on the decline"[1]. Since then debate about the decline of parliaments still goes on today[2]. Obsessed with the role of political parties and the predominance of executives, a significant part of all literature focuses on the decline of parliaments in modern democracies, insisting that it has progressively and worryingly lost many of its traditional roles (Norton 1990).

Since the parliaments are on the decline, this paper will be dedicated to emphasize the rising of initiative and referendum and its theory of direct democracy.

Governance model on direct democracy

What is global governance model on direct democracy? Is there some important paradigms could be proved? How could it be compared and divided to the degrees for democratic governance? How could be regulated and put it into the practice? It's worth to the discussion step by step. In the related research on modern paradigmatic governance, first of all, Zogg used firstly the analytical methods as typology to democratic governance, deduced two sort of modern governance model on direct democracy: semi-direct democracy and semi-representative democracy (Zogg, 1996: 14-19)[3]. Especially he mentioned that the argument of each has its clear difference from the tradition of representative democracy. Afterwards, Hamon went further to make a classification and comparison for nineteen countries in Europe, based on the examinations of the seven standards of initiative and referendum for example national referendum into the Constitution, obligatory constitutional referendum, popular initiative, ordinary facultative referendum, extraordinary facultative referendum, democratic system typology, national referendum volume etc. (Hamon, 2006: 65-67). See Table 1.

Table 1. Classification and Comparison on Regulation and Practice of Direct Democracy 19 Countries in Europe

countries	national referendum into Constitution	obligatory constitutional referendum	popular initiative	ordinary facultative referendum	extraordinary facultative referendum	Democratic system typology	national referendum volume until 2006
Switzerland	Y	Y	Y	Y	Y	semi-direct	531
Liechtenstein	Y	N	Y	Y	Y	semi-direct	85
Italy	Y	N	Y	Y	Y	semi-direct	62

Table 1. Classification and comparison on regulation and practice of direct democracy 19 countries in Europe.（續）

countries	national referendum into Constitution	obligatory constitutional referendum	popular initiative	ordinary facultative referendum	extraordinary facultative referendum	Democratic system typology	national referendum volume until 2006
Ireland	Y	Y	N	N	Y	semi-direct	29*
Denmark	Y	Y	N	N	Y	semi-direct	12
France	Y	Y	N	N	Y	semi-representative	9
Austria	Y	Y	Y	N	Y	semi-representative	3
Spain	Y	Y	Y	N	Y	semi-representative	3
Sweden	Y	N	N	N	Y	semi-representative	7
Norway	N	N	N	N	Y	semi-representative	6
Luxembourg	Y	N	N	N	Y	semi-representative	4
Finland	Y	N	N	N	Y	semi-representative	3
Iceland	Y	Y	N	N	Y	semi-representative	0
Greece	Y	N	N	N	Y	semi-representative	0
Portugal	Y	N	N	N	y	semi-representative	0
Belgium	N	N	N	N	Y	representative	1
United Kingdom	N	N	N	N	Y	representative	1
Germany	N	N	N	N	N	representative	0
Netherlands	N	N	N	N	Y	representative	1

Source: Hamon, Centre d'Etudes et de documentation sur la démocratie directe, 2006.

Comparable comment on nineteen countries in Europe

As shown on table 1, Hamon classified three degrees of countries between nineteen countries in Europe. That means each first to third degree practices different level on democracy.

First degree countries: belong to semi-direct democracy countries: such as Switzerland, Liechtenstein, Italy, Ireland, Denmark. They had outstanding performance for its direct democracy regulation and level of practicing. These countries could be reached so called paradigm country on direct democracy.

Second degree countries: belong to semi-representative democracy countries: such as France, Austria, Spain, Sweden, Norway, Luxembourg, Finland, Iceland, Greece, Portugal. They had passable performance for its direct democracy regulation and level of practicing. These countries still could be waited to promote to become semi-direct democracy countries.

Third degree countries: belong to representative democracy countries: such as Belgium, United Kingdom, Germany, Netherlands. They had no good performance for its direct democracy regulation and level of practicing. These countries could be waited to promote to become first semi-representative democracy countries, and in the future to become semi-direct democracy countries.

Actual cases

Representative democracy countries: belong to representative democracy countries: such as Belgium, United Kingdom, Germany, Netherlands, mainly questions lie in its Constitution that initiative and referendum regulation could not have been found, neither of national referendum. But actually, Belgium voted in 1950 for the issue of return King Léopold III; United Kingdom voted equally in 1975 for continuing stay in European Community; and Netherlands made one national referendum in 2005 for European constitutional project;

besides, Germany regulated that in case of territory transfer, Länder could take a referendum decision (Hamon, 2006: 2).

Semi-representative democracy countries: belong to semi-representative countries, like France, needs only to increase national referendum volume, France will easily become semi-direct democracy country.

Analysis on the initiative and referendum

The very first nation-wide referendum started on June 24, 1793. In the meantime, according to the special law of the National Convention of French Revolution, the 1793 Constitution (so called the first year of French Constitution) (Constitution de l'An I) was passed through the people. Up to now, all the countries over the world, approximately 1538 times of the national referendums were taken place[4]. See Table 2.

Table 2.　National referendums practiced around the world

Period	Europe (Switzerland)	Middle East	Asia	America	Oceania	Africa	Total
Before 1900	68 (57)	0	0	3	0	0	71
1901-1910	14(12)	0	0	0	4	0	18
1911-1920	21(15)	0	0	3	5	0	29
1921-1930	36(28)	1	0	2	6	0	45
1931-1940	40(23)	0	0	7	6	0	53
1941-1950	36(21)	1	1	3	11	0	52
1951-1960	38(32)	8	5	3	5	9	68
1961-1970	44(30)	18	4	4	7	19	96
1971-1980	116(87)	36	14	8	14	34	222
1981-1990	129(76)	24	6	12	7	22	200
1991-2000	235(105)	4	20	76	15	35	385

Table 2.　National referendums practiced around the world（續）

Period	Europe (Switzerland)	Middle East	Asia	America	Oceania	Africa	Total
2001-2010	168(109)	20	10	44	22	35	299
Total	945	112	60	165	102	154	1538

Source: Initiative and Referendum Institute Europe, 2010.

According to the statistics, the tendency of referendum taken place all around the countries is getting more and more. From 1793 to 1900, there were only 71 times of nation referendum taken place. But up to 1990, there were 844 referendums and up to now, there have already been 1538 referendums taken place. The increased amount of referendums proved the importance of the existence of the referendum and referendum is corresponding to the currents of the globalization. In the early times of the collapse the European Continental countries such as the Empire of the Austria and Hungary and the reign of the Soviet and followed by the crash of the Soviet Union in the end of the 20th century, in the meantime, after the Second world war, many colonial countries claimed independence causing referendum became a symbol of fashion and referendum became the most powerful tool to make democracy a proper legitimate.

In the early time of the 20th century, when the Constitutional Monarchy still occupied almost all around the world, only United States, France and Switzerland practiced the Democratic Republic. Up to now, 193 members countries of United Nations, most of them are democratic country, holding democratic constitution and sovereignty. They are accepted and admitted by other countries. The more advanced European countries and America were trying very hard to enhance the practice of semi-direct democracy and made a tendency of more increased amounts of referendums around the world.

As to the dissemination of countries around the world, although referendum is widely practiced, it is still not so popular. Nowadays, people demand innovative concepts of democracy and believe that innovation will make the society more progressive, however, under the demand of direct democracy, people directly interfering legislation still is an exception up to now.

The practice of the referendums mostly gathered in minor countries. Switzerland is the most representative country of practicing referendum, although its population is less than 800,0000 people, however, the referendums taken place in Switzerland totally covered one third of the global national referendum. In the 18th century, there were 57 times of referendums taken place in Switzerland, almost covered the 80 percent of the global referendums (only 71 time of global referendums). Thereafter, the amount of referendums were getting less, but still remained up to the standard. In the recent decades, there were almost 2 times of referendums for Switzerland more than other European countries. If comparing to other global countries, Switzerland is still actually 2 times of amounts of referendums.

Other than Switzerland, semi-direct democracy developed not equally over the world. The countries held referendums more than 10 times are few, and mostly gathering in the few countries of Europe[5]. Most of the countries practiced their own referendums, but the amounts are still much far away than Switzerland. Especially worthy attention is that the democracy in many countries is rather conservative. They have never practiced national referendum such as America, India, China and Japan and so on). Such uneven situation world-wide is related to their own political system.

Actually, through the research, in some countries practicing semi-direct democracy, when initiating referendum, however, it was nearly not supervised by political power, mainly because referendum is overall systemized, for example, obligatory vote according to Constitution, such as Australia and Ireland. And as to the people of Italy and Uruguay are holding the right of initiative and referendum, or as to Switzerland, people hold the both above mentioned rights (Suksi,1993). As to Denmark, according to Constitution, initiative should be conducted by the minority of parliament.

Nevertheless, as to the example of France, France is the advanced country to practice referendum, but never had the opportunity to practice the initiative vote and obligatory constitutional referendum; as to Japan, according to Japanese Constitution, if there is any law relating to revise Constitution, it must be obligatory giving the power to the people to vote (Suksi, 1993: 142)[6], but until now obligatory constitutional vote has never been practiced.

Therefore, possibly may further make a supposition that for those countries which practiced semi-direct democracy, whether if it is because of the influence of population, geographical condition and social economy? In accordance with the points of view of Jean-Jacques Rousseau, in order to pass the law through people, it must be resembled to basic conditions: A. Small country with less population (Rousseau,1964:978)[7]; B. Self-sufficient agriculture brings prosperous economy (Rousseau believed that the development of art, science and commercial business irritates the enjoyment of the resources, so the citizen much care about his own privacy, other than the public affairs (Rousseau, 1964: 390).

Actually, the second condition of Rousseau mentioned does not meet the requirement of the actual modern situation, as the contradictory argument of Suksi: the more non-metropolitan countries, reflects the less constitutional referendum regulations occurs. As to the first basic condition of Rousseau, in the point of view on the population and geographical condition, nowadays the countries practicing semi-direct democracy, the community type-approval is much bigger than "each one is knowing each other". Rousseau thought that in Europe, only people on the island of Corse owns the power to legislative (Rousseau, 1964: 390-391), however, in fact, there are many countries such as Switzerland, California State of the United States, France, Italy and so on may be able to enhance the referendum smoothly, and its population of voting are more than million and 10 million more. From this statement, we may know that the basic condition of "Small country, less population" is contradictory in the modern countries. Thus, there is still not specific statistic considering on the appropriate amounts of votes, but basically can be proved is that the countries whose population is more than 1 billion such as the United States of America, India, China, Indonesia and Japan etc., up to now, there is not once national referendum actually practiced. However, not the whole situation is matching the above mentioned status. As Brazil as the example (1 billion 60 million population, over five referendums); and the ex-Soviet Union (2 billion 50 million population, one referendum). Gorbatchev enhanced the referendum, mainly based on re-building the new order of the society, and use the power of people to get the legitimacy of the Soviet political power, but it caused the result of the willing of independence of the local governments. They opposed the vote, in the meantime, others claimed to the referendums for their independence.

As to big country, because of great amount of population, seems to oppose direct democracy. The main reason is that the national referendum will easily cause the tense relationship among the races, so this potential racial conflicts will be reached to an easy situation by the reconciliation of parliaments.

According to the arguments of Bogdanor, in the small or middle sized countries, the population is homogeneous, no complicated races, so it is beneficial to the frequent practice of the referendum. This could explain why the countries such as Ireland, Denmark, Italy and France are easily to practice referendum; however country such as Belgium, due to the language zone and long term of cultural conflicts in Flamands and Walloons, it is difficult to vote to solve the controversial issues. And, taking Netherlands as a special example, traditionally Netherlands is an old parliament democracy and belongs to the homogeneous society, but until 2005 they began to practice their very first national referendum. Besides, to the case of Switzerland, it is also an exception. The Swiss society is not homogeneous, each Canton speaks its own language, and its religion and culture keep its own distinction, however, Switzerland keeps its regulation of obligatory constitutional referendum. The votes is regulated to be valid unless the result surpass the half standard.

Is there any country which practiced the referendum is influenced by other country and copied with each other? The answer is not exactly. For example, the early English territory or colonies or even the Commonwealth, followed the traditional Westminster parliamentary system. As to New Zealand, Australia, Ireland practice of referendum is rather popular, but in Canada, it rarely practiced and in India, referendum has never ever practiced in history.

However, it is worthy to think that the continuous practice of referendum after a long period of time, it formed an unique political culture. In another words, it is so called "habit forming culture" by English people. Semi-direct democracy possesses owns its spontaneous output system. It makes people's power to properly enhance, just like the people of Italy and Switzerland who owns the initiative power. But the semi-direct democracy may be changed by the replacement of political power in one country, such as from 1919 to 1933 popular initiative was practiced in Germany, however every since 1949, it changed into indirect parliamentary system.

Comparison on the global national referendums

Comparing the global practice of the referendum, it concluded three models:

A. Referendum becomes the trust and belief of the country's leader in the purpose of avoiding the danger of division by the political party and interest group. The referendum is initiated by the leader, in the name of the nation calling people to vote. This model is called "Centralization vote".

B. Referendum becomes a spontaneous activity of the citizen group and cooperates with the government leader to accomplish the vote. The referendum is initiated by the hand of the people and it is completely different from the "Centralization" vote. This model is called "Decentralization vote".

C. Referendum becomes an experienced pattern vote. Usually, in representative democracy the referendum is initiated by the hand of the parliament. Due to no official regulation for the parliament to initiate the referendum, only based on the experienced party vote, so this model is called "Political Party vote".

The above mentioned three models of referendum may be too simple. Actually, if we take an advanced comparison of the same kind of referendums taken placed among the countries. We may find out that "Italy and Switzerland" these two countries , the people initiated the referendum, however, comparing the regulations of the people's power between these two countries, obviously the regulations in Italy are restricted much more than Switzerland. Besides, due to the complication of the power system of many more countries, the above mentioned three models may mix up.

The following improved models on the referendum by Hans-Urs Wili, based on the direct democracy to divide into six voting system (see Table 3) which is rather related to the three voting models as is remarked above.

A. Denmark system: In some countries, they imitated Demark system when initiating the referendum. The referendum may be initiated by the minority party of the parliament. This system is much alike the previous mentioned "Political Party Vote".

B. French system: In some countries, they imitated French system. Referendum becomes the political instrument of the President's power. This system is related to the previous mentioned "Centralization vote".

C. Italy system: In some countries, they imitated Italy system. Referendum may be initiated with limit by the citizen group outside parliament.

D. Switzerland system: In some countries, they imitated Switzerland system. Referendum may be initiated without limit by the citizen group outside the parliament. In other words, referendum belongs to the right of the people.

E. British mixed system: In some countries such as 23 countries of the Commonwealth, they initiated referendum in specific issues to vote.

F. Latin America system: 13 countries in Latin America initiated referendum in mixed system

Conclusion

Through the arguments semi-direct democracy and semi-representative democracy of paradigm governance on direct democracy models presented by Zogg et al., concluded that many countries have practiced the combination of representative democracy and direct democracy which has become new advanced science on modern democratic governance.

Hamon made a classification and comparison for nineteen countries in Europe, based on the examinations of the seven standards of initiative and referendum: national referendum into the Constitution, obligatory constitutional referendum, popular initiative, ordinary facultative referendum, extraordinary facultative referendum, democratic system typology, national referendum volume etc, that is good worth for the reference. Due to the regulations established in every countries, its level of practicing may not be the same, so Hamon classified it into semi-direct democracy, semi-representative democracy and representative democracy, three different degrees of countries.

There are more and more important for national referendum, Many countries practicing that direct game such as Switzerland, New Zealand, Australia, Ireland, Italy, Uruguay, Denmark, France, it was nearly not supervised by political power, mainly because referendum is overall systemized.

The global practice the referendum, it concluded three voting models (centralization, decentralization, political party), and six voting systems (Denmark system, French system, Italy system, Switzerland system, British mixed system, Latin America system). The global systems of initiative and referendum is worth to be a reference to the developing countries like Asian countries and the others.

Notes

1. Lord Bryce, *Modern Democracies*, London, Macmillan, 1921, vol. II, p. 391.
2. As new arguments Norton 1990; 1998; 2002; Bandeira, 2005; Pasquino and Pellizzo 2006.
3. Besides Zogg, Butler, Renney, Passelecq, Aubert, Kaufmann have the similar arguments.
4. See "Guidebook to Direct Democracy in Switzerland and beyond", 2010, Initiative and Referendum Institute.

5. Three exceptional countries like Australia (over 50 referendums), New Zealand (over 45 referendums), Uruguay (over 25 referendums).
6. According to article 96 of Japanese Constitution.
7. According to the book "Considerations on the Government of Poland" of Rousseau, he mentioned: "over-sized countries govern the bigger boundary, it is very hard to control, so its power of legislation is not easy to practice, only can be accomplished by its delegates.

第五節

A Global Survey for Initiative and Referendum of the Direct Democracy

This paper focuses on a global survey for initiative and referendum of the direct democracy, divided essentially into three parts:

A. Governance model on direct democracy: Zogg and Hamon (2006) made a classification and comparison for 19 countries in West Europe, based on the examinations of the seven standards of initiative and referendum: national referendum into the Constitution, obligatory constitutional referendum, popular initiative, ordinary facultative referendum, extraordinary facultative referendum, democratic system typology, national referendum volume etc. Author would like to do some further revisions and innovations on that classification considering the new changing century with the practice of initiative and referendum.

B. Comparison on the global national referendums : Wili divided into 6 voting systems (2007) such as: Demark system, French system, Italy system, Switzerland system, British mixed system, Latin America system. Author will follow and do a pragmatic world survey for innovating more global voting systems like: East Europe system, North and Central America system,

South America system, Australia New Zealand and Oceania system, Middle East System, Asia system, Africa system etc.

C. Global survey: Make one global survey for 131 countries on their regulations and national referendum volumes, and recount national referendums worldwide etc.

Introduction

Civic participation has become the key to sustainable democratic governance across the globe. In the last thirty years more than a hundred countries have introduced institutional mechanisms of direct citizen participation within the framework of representative democracy. Many countries have experienced lawmaking by citizens for more than a century already. The growing use of initiative and referendum rights on substantive issues have profoundly changed political dynamics (Kaufmann, 2010; Li, 2013).

This paper focuses on a global survey for initiative and referendum of the direct democracy, divided essentially into three parts: A. Governance model on direct democracy. B. Comparison on the global national referendums. C. Global survey etc.

Governance model on direct democracy

Zogg and Hamon (2006) made a classification and comparison for 19 countries in West Europe, based on the examinations of the seven standards of initiative and referendum: national referendum into the Constitution, obligatory constitutional referendum, popular initiative, ordinary facultative referendum, extraordinary facultative referendum, democratic system typology, national referendum volume etc. (see Table 3)

Table 3. Classification and Comparison on Regulation and Practice of Direct Democracy 19 Countries in West Europe

Countries	National referendum into Constitution	Obligatory constitutional referendum	Popular initiative	Ordinary facultative referendum	Extraordinary facultative referendum	Democratic system typology	National referendum volume until 2006
Switzerland	Y	Y	Y	Y	Y	semi-direct	531
Liechtenstein	Y	N	Y	Y	Y	semi-direct	85
Italy	Y	N	Y	Y	Y	semi-direct	62
Ireland	Y	Y	N	N	Y	semi-direct	29
Denmark	Y	Y	N	N	Y	semi-direct	12
France	Y	Y	N	N	Y	semi-representative	9
Austria	Y	Y	Y	N	Y	semi-representative	3
Spain	Y	Y	Y	N	Y	semi-representative	3
Sweden	Y	N	N	N	Y	semi-representative	7
Norway	N	N	N	N	Y	semi-representative	6
Luxembourg	Y	N	N	N	Y	semi-representative	4
Finland	Y	N	N	N	Y	semi-representative	3
Iceland	Y	Y	N	N	Y	semi-representative	0
Greece	Y	N	N	N	Y	semi-representative	0
Portugal	Y	N	N	N	Y	semi-representative	0
Belgium	N	N	N	N	Y	representative	1

Table 3. Classification and Comparison on Regulation and Practice of Direct Democracy 19 Countries in West Europe（續）

Countries	National referendum into Constitution	Obligatory constitutional referendum	Popular initiative	Ordinary facultative referendum	Extraordinary facultative referendum	Democratic system typology	National referendum volume until 2006
United Kingdom	N	N	N	N	Y	representative	1
Germany	N	N	N	N	N	representative	0
Netherlands	N	N	N	N	Y	representative	1

Source: Zogg and Hamon, 2006.

Comparison on Table 3

We can compare on table 3 that Zogg and Hamon classified three degrees of countries among 19 countries in West Europe. That means each first to third degree practices different level on democracy.

First degree countries: belong to semi-direct democracy countries, such as Switzerland, Liechtenstein, Italy, Ireland, and Denmark. They had outstanding performance for its direct democracy regulation and level of practicing. These countries could be reached so called paradigm country on direct democracy.

Second degree countries: belong to semi-representative democracy countries, such as France, Austria, Spain, Sweden, Norway, Luxembourg, Finland, Iceland, Greece, and Portugal. They had passable performance for its direct democracy regulation and level of practicing. These countries still could be waited to promote to become semi-direct democracy countries.

Third degree countries: belong to representative democracy countries, such as Belgium, United Kingdom, Germany, and Netherlands. They had no good performance for its direct democracy regulation and level of practicing. These countries could be waited to promote to become first semi-representative democracy countries, and in the future to become semi-direct democracy countries.

Revision by Author

Author made some further revisions and innovations on the classification of Zogg and Hamon on 19 countries in West Europe considering the new changing century with the practice of initiative and referendum. (see Table 4)

Table 4.　Classification and Comparison on Regulation and Practice of Direct Democracy 19 Countries in West Europe

Countries	National referendum into Constitution	Obligatory constitutional referendum	Popular initiative	Ordinary facultative referendum	Extraordinary facultative referendum	Democratic system typology	National referendum volume until 2017
Switzerland	Y	Y	Y	Y	Y	semi-direct	627
Liechtenstein	Y	N	Y	Y	Y	semi-direct	99
Italy	Y	N	Y	Y	Y	semi-direct	72
Ireland	Y	Y	N	N	Y	semi-direct	34
Denmark	Y	Y	N	N	Y	semi-direct	22
France	Y	Y	Y	N	Y	semi-direct	10
Austria	Y	Y	Y	N	Y	semi-representative	3
Spain	Y	Y	Y	N	Y	semi-representative	3
Sweden	Y	N	N	N	Y	semi-representative	15
Norway	N	N	N	N	Y	semi-representative	6
Luxembourg	Y	N	N	N	Y	semi-representative	8
Finland	Y	N	N	N	Y	semi-representative	4
Iceland	Y	Y	N	N	Y	semi-direct	10
Greece	Y	N	N	N	Y	semi-representative	9

Table 4. Classification and Comparison on Regulation and Practice of Direct
Democracy 19 Countries in West Europe（續）

Countries	National referendum into Constitution	Obligatory constitutional referendum	Popular initiative	Ordinary facultative referendum	Extraordinary facultative referendum	Democratic system typology	National referendum volume until 2017
Portugal	Y	N	N	N	Y	semi-representative	4
Belgium	N	N	N	N	Y	representative	1
United Kingdom	N	N	N	N	Y	semi-representative	3
Germany	N	N	N	N	N	representative	0
Netherlands	N	N	N	N	Y	representative	1

Source: Author's collection.

On Table 4 Author made some revisions firstly on national referendum volume until 2017 for totally 19 countries in West Europe, each country got the referendums more and more, especially like Switzerland, Liechtenstein, Italy, Ireland, Denmark, Sweden and Iceland etc. Secondly Author revised yes from no to the category popular initiative for France, because France got important constitutional revision in 2008 putting popular initiative regulation into the French Fifth Republic Constitution, that's a big step for the progress of direct democracy in France. Thirdly France got the promotion from semi-representative to semi-direct country because his new constitutional regulation on popular initiative, and France already practices referendums over 10 times. As to Iceland, already practicing referendums over 10 times as well, Iceland got the promotion from semi-representative to semi-direct country. Fourthly the most important to mention that United Kingdom got also the promotion from representative to semi-representative country, due to his referendum's effort over 3 times, one was the referendum left out of EU June 13, 2016 (Geddes, 2013).

Comparison on the global national referendums

The following improved models on the National referendum by Wili (2007), based on the direct democracy to divide into six voting system (see Table 5):

A. Denmark system. In some countries, they imitated Demark system when initiating the referendum. The referendum may be initiated by the minority party of the parliament.

B. French system. In some countries, they imitated French system. Referendum becomes the political instrument of the President's power.

C. Italy system. In some countries, they imitated Italy system. Referendum may be initiated with limit by the citizen group outside parliament.

D. Switzerland system. In some countries, they imitated Switzerland system. Referendum may be initiated without limit by the citizen group outside the parliament. In other words, referendum belongs to the right of the people.

E. British mixed system. In some countries, such as 23 countries of the Commonwealth, they initiated referendum in specific issues to vote.

F. Latin America system. Thirteen countries in Latin America initiated referendum in mixed system.

Global survey

On this part, author will follow the Zogg and Hamon models and do a pragmatic world survey for innovating more global voting systems such as: East Europe system, North and Central America system, South America system, Australia New Zealand and Oceania system, Middle East system, Asia system, Africa system[28] etc.

---

[28]　Refer to Centre for Research on Direct Democracy; C2D, and World Constitutions.

Table 5.   Global Category of Voting Systems

Characteristics	Influence in the world	Applications from 1971 to 2010	Appreciation
Denmark system: Minority right for parliamentary and representative opposition (art. 42 Denmark Constitution)	5 practicing countries limited: (as Denmark and Ireland)	35 times (very limited application)	Protection of important minorities in parliament
France system: Presidential prerogative (art. 3,11 and 89 France Constitution)	35 almost alike, 14 very close (like ancient colonies in Africa, ex-Soviet Union, Arabian Turkish countries)	98 times (limited application)	Centralization vote
Italy system: Minority right for extra parliamentary opposition: abrogation referendum (art.75 Italy Constitution). Limits: (1) quorum achievement; (2)material control by constitutional court; (3)quorum participation. Four domains none approved to referendum: finances, penal law, and amnesty, international asylum treaties.	12 very close East European countries with none abrogation referendum	128 times (impressive application)	Minority right for extra parliamentary opposition soften by parliamentary majority hard power
Switzerland system: Minority right for none parliamentary Opposition (art. 138-142, 163-165 and 192-194 Switzerland Constitution).	5 partially alike: New Zealand, Australia, Liechtenstein, Micronesia and Uruguay	395 times (very impressive application)	The minority decide for voting the law or popular initiative
British mixed system: Limitation to small amount of concrete questions.	23 countries of British Commonwealth	15 times (very limited application)	Referendum in specific issues to vote
Latin America system: Multiple combination systems.	13 Latin America countries	102 (spontaneous but none systematic application)	Incoherence created by combination of incompatible systems results in low effectiveness of voting

Source: Authors' collection.

East Europe system

Author discovered for the first time on world scientific papers from his research that each of 19 East European countries have already become strong democracy country like West Europe countries from the 21st century (see Table 6).

Table 6.　Classification and Comparison on Regulation and Practice of Direct Democracy 19 Countries in East Europe.

countries	national referendum into Constitution	obligatory constitutional referendum	popular initiative	ordinary facultative referendum	Extraordinary facultative referendum	Democratic system typology	national referendum volume until 2017
Lithuania	Y	Y	Y	Y	Y	semi-direct	21
Slovakia	Y	Y	Y	Y	Y	semi-direct	18
Latvia	Y	Y	Y	Y	Y	semi-direct	14
Hungary	Y	Y	Y	Y	Y	semi-direct	12
Byelorussia	Y	Y	Y	Y	Y	semi-direct	12
Slovenia	Y	Y	Y	Y	Y	semi-direct	22
Poland	Y	N	Y	Y	Y	semi-direct	15
Romania	Y	Y	Y	Y	Y	semi-representative	8
Ukraine	Y	Y	Y	Y	N	semi-representative	6
Russia	Y	Y	Y	Y	Y	semi-representative	6
Croatia	Y	Y	Y	Y	Y	semi-representative	4
Moldova	Y	Y	Y	Y	Y	semi-representative	3
Estonia	Y	Y	N	Y	Y	semi-representative	4
Bulgaria	Y	N	N	Y	Y	semi-representative	5

Table 6. Classification and Comparison on Regulation and Practice of Direct Democracy 19 Countries in East Europe. (續)

countries	national referendum into Constitution	obligatory constitutional referendum	popular initiative	ordinary facultative referendum	Extraordinary facultative referendum	Democratic system typology	national referendum volume until 2017
Macedonia	Y	Y	Y	Y	Y	semi-representative	2
Albania	Y	N	Y	Y	Y	semi-representative	2
Serbia	Y	Y	N	N	N	representative	1
Czech	Y	Y	N	N	Y	representative	1
Bosnia	N	N	N	N	Y	representative	1

Source: Author's collection.

First degree countries: Lithuania, Slovakia, Latvian, Hungary, Byelorussia, Slovenia and Poland belong to semi-direct democracy countries. They had outstanding performances for their direct democracy regulation and level of practicing. These countries could be reached so called paradigm country on direct democracy.

Second degree countries: Romania, Ukraine, Russia, Croatia, Moldova, Estonia, Bulgaria, Macedonia, Albania, belong to semi-representative democracy countries. They had passable performance for its direct democracy regulation and level of practicing. These countries still could be waited to promote to become semi-direct democracy countries.

Third degree countries: Serbia, Czech, and Bosnia belong to representative democracy countries. They had no good performance for its direct democracy regulation and level of practicing. These countries could be waited to promote to become first semi-representative democracy countries, and after to become semi-direct democracy countries in the future.

North and Central America system

For the use of same model, we can also classify and compare on regulation and practice of direct democracy USA, Canada, with totally 15 countries in North and Central America. (see Table 7)

Table 7. Classification and Comparison on Regulation and Practice of Direct Democracy 15 Countries in North and Central America

countries	national referendum into Con-stitution	obligatory constitu-tional referendum	popu-lar initia-tive	ordinary facultative referen-dum	extraordi-nary facultative referendum	democratic system typol-ogy	national referendum volume until 2017
Puerto Rico	Y	Y	N	N	Y	semi-direct	30
Haiti	N	Y	N	Y	Y	semi-direct	21
Mexico	N	N	N	Y	Y	semi-represen-tative	16
Guatemala	N	Y	N	N	N	semi-represen-tative	7
Panama	N	Y	N	N	N	semi-represen-tative	6
Costa Rica	Y	Y	Y	Y	Y	semi-represen-tative	3
Canada	Y	Y	Y	N	N	semi-represen-tative	3
Dominica	N	N	N	N	Y	semi-represen-tative	2
Bellis	N	N	N	N	Y	semi-represen-tative	2
Honduras	Y	Y	Y	Y	Y	semi-represen-tative	1
Jamaica	N	N	N	N	Y	semi-represen-tative	1
USA	N	N	N	N	N	representative	0

Table 7.　Classification and Comparison on Regulation and Practice of Direct Democracy 15 Countries in North and Central America（續）

countries	national referendum into Constitution	obligatory constitutional referendum	popular initiative	ordinary facultative referendum	extraordinary facultative referendum	democratic system typology	national referendum volume until 2017
Salvador	N	N	N	N	N	representative	0
Nicaragua	N	N	N	N	N	representative	0
Bahamas	N	N	N	N	N	representative	0

Source: Author's collection.

First degree countries: Puerto Rico and Haiti belong to semi-direct democracy countries. They had outstanding performances for their direct democracy regulation and level of practicing. These countries could be reached so called paradigm country on direct democracy.

Second degree countries: Mexico, Guatemala, Panama, Costa Rica, Canada, Dominica, Bellis, and Honduras belong to semi-representative democracy countries. They had passable performance for its direct democracy regulation and level of practicing. These countries still could be waited to promote to become semi-direct democracy countries.

Third degree countries: Jamaica, USA, Salvador, Nicaragua, and Bahamas belong to representative democracy countries. They had no good performance for its direct democracy regulation and level of practicing. These countries could be waited to promote to become first semi-representative democracy countries, and after to become semi-direct democracy countries in the future.

South America system

The classification and comparison on regulation and practice of direct democracy, with totally 12 countries in South America, (see Table 8)

First degree countries: Ecuador, Uruguay, Bolivia, Colombia and Chile belong to semi-direct democracy countries. They had outstanding performances

Table 8. Classification and Comparison on Regulation and Practice of Direct Democracy 12 Countries in South America

countries	national referendum into Constitution	obligatory constitutional referendum	popular initiative	ordinary facultative referendum	extraordinary facultative referendum	democratic system typology	national referendum volume until 2017
Ecuador	Y	Y	N	Y	Y	semi-direct	55
Uruguay	Y	Y	Y	Y	Y	semi-direct	34
Bolivia	Y	Y	Y	Y	Y	semi-direct	20
Columbia	Y	Y	N	Y	Y	semi-direct	20
Chile	Y	Y	N	Y	Y	semi-direct	14
Venezuela	Y	Y	N	Y	Y	semi-representative	9
Brazil	Y	Y	Y	Y	Y	semi-representative	9
Peru	Y	Y	Y	Y	Y	semi-representative	5
Paraguay	Y	Y	N	Y	Y	semi-representative	3
Argentina	Y	Y	Y	N	Y	semi-representative	1
Suriname	N	N	N	N	Y	representative	1
Guyana	N	N	N	N	Y	representative	1

Source: Author's collection.

for their direct democracy regulation and level of practicing. These countries could be reached so called paradigm country on direct democracy.

　　Second degree countries: Venezuela, Brazil, Peru, Paraguay and Argentina belong to semi-representative democracy countries. They had passable performance for its direct democracy regulation and level of practicing. These countries still could be waited to promote to become semi-direct democracy countries.

Third degree countries: Suriname and Guyana belong to representative democracy countries. They had no good performance for its direct democracy regulation and level of practicing. These countries could be waited to promote to become first semi-representative democracy countries, and after to become semi-direct democracy countries in the future.

Asia system

The classification and comparison on regulation and practice of direct democracy, with totally 16 countries in Asia. (see Table 9)

Table 9.　Classification and Comparison on Regulation and Practice of Direct Democracy 16 Countries in Asia

countries	national referendum into Con- stitution	obligatory constitu- tional referendum	popu- lar initia- tive	ordinary facultative referen- dum	extraordi- nary facultative referendum	democratic system typology	national referendum volume until 2017
Azerbaijan	N	Y	Y	N	Y	semi-direct	40
Philippines	N	Y	Y	N	Y	semi-direct	22
Taiwan	N	Y	Y	N	Y	semi-repre- sentative	6
South Ko- rea	Y	Y	Y	N	N	semi-repre- sentative	6
Armenia	N	Y	Y	N	Y	semi-repre- sentative	5
Thailand	N	Y	Y	N	Y	semi-repre- sentative	1
East Timor	N	Y	N	N	Y	semi-repre- sentative	1
Sri Lanka	N	Y	Y	N	Y	semi-repre- sentative	1
Bhutan	N	Y	Y	N	Y	semi-repre- sentative	0

Table 9.　Classification and Comparison on Regulation and Practice of Direct Democracy 16 Countries in Asia (續)

countries	national referendum into Constitution	obligatory constitutional referendum	popular initiative	ordinary facultative referendum	extraordinary facultative referendum	democratic system typology	national referendum volume until 2017
Japan	Y	Y	Y	N	N	semi-representative	1
Pakistan	N	Y	N	N	N	representative	2
Nepal	N	Y	N	N	N	representative	2
Myanmar	N	Y	N	N	N	representative	2
Singapore	N	Y	N	N	N	representative	1
Outer Mongolia	N	Y	N	N	N	representative	1
India	N	N	N	N	N	representative	0

Source: Author's collection.

First degree countries: Azerbaijan and Philippines belong to semi-direct democracy countries. They had outstanding performances for their direct democracy regulation and level of practicing. These countries could be reached so called paradigm country on direct democracy.

Second degree countries: Taiwan, South Korea, Armenia, Thailand, East Timor, Sri Lanka, Bhutan and Japan belong to semi-representative democracy countries. They had passable performance for its direct democracy regulation and level of practicing. These countries still could be waited to promote to become semi-direct democracy countries.

Third degree countries: Pakistan, Nepal, Myanmar, Singapore, Outer Mongolia and India belong to representative democracy countries. They had no good performance for its direct democracy regulation and level of practicing. These countries could be waited to promote to become first semi-representative democracy countries, and after to become semi-direct democracy countries in the future.

Australia New Zealand and Oceania system

The classification and comparison on regulation and practice of direct democracy, like Australia, New Zealand, with totally 13 countries in Oceania. (see Table 10)

Table 10. Classification and Comparison on Regulation and Practice of Direct Democracy 13 Countries in Australia New Zealand and Oceania

countries	national referendum into Constitution	obligatory constitutional referendum	popu- lar initia- tive	ordinary facultative referen- dum	extraordi- nary facultative referendum	democratic system typology	national referendum volume until 2017
Australia	Y	Y	N	Y	Y	semi-direct	51
New Zealand	N	N	N	Y	Y	semi-direct	107
Micronesia	Y	Y	N	N	Y	semi-direct	57
Marshall Is- lands	Y	Y	N	N	Y	semi-direct	39
Palau	Y	Y	Y	N	Y	semi-direct	32
Samoa	N	Y	N	N	Y	semi-repre- sentative	4
Tuvalu	N	N	N	N	Y	semi-repre- sentative	3
Noruu	Y	Y	N	N	Y	representa- tive	1
Giribas	Y	Y	N	N	Y	representa- tive	1
Papua New Guinea	N	N	N	N	N	representa- tive	0
Fiji	N	N	N	N	N	representa- tive	0

Table 10. Classification and Comparison on Regulation and Practice of Direct Democracy 13 Countries in Australia New Zealand and Oceania（續）

countries	national referendum into Constitution	obligatory constitutional referendum	popular initiative	ordinary facultative referendum	extraordinary facultative referendum	democratic system typology	national referendum volume until 2017
Solomon Islands	N	N	N	N	N	representative	0
Van Nadu	N	N	N	N	N	representative	0

Source: Author's collection.

First degree countries: Australia, New Zealand, Micronesia, Marshall Islands and Palau belong to semi-direct democracy countries. They had outstanding performances for their direct democracy regulation and level of practicing. These countries could be reached so called paradigm country on direct democracy.

Second degree countries: Samoa and Tuvalu belong to semi-representative democracy countries. They had passable performance for its direct democracy regulation and level of practicing. These countries still could be waited to promote to become semi-direct democracy countries.

Third degree countries: Noruu, Giribas, Papua New Guinea, Fiji, Solomon Islands and Van Nadu belong to representative democracy countries. They had no good performance for its direct democracy regulation and level of practicing. These countries could be waited to promote to become first semi-representative democracy countries, and after to become semi-direct democracy countries in the future.

Middle East system

The classification and comparison on regulation and practice of direct democracy, with totally 18 countries in Middle East. (see Table 11)

First degree countries: Egypt and Syria belong to semi-direct democracy countries. They had outstanding performances for their direct democracy regulation and level of practicing. These countries could be reached so called paradigm country on direct democracy.

Second degree countries: Turkey, Iraq, Iran and Bahrain belong to semi-representative democracy countries. They had passable performance for its direct democracy regulation and level of practicing. These countries still could be waited to promote to become semi-direct democracy countries.

Third degree countries: Pakistan, Ye door, Kada, Cypress, Afghanistan, Lebanon, Jordan, Kuwait, United Arab Emirates, Oman, Israel and Saudi Arabia belong to representative democracy countries. They had no good performance for its direct democracy regulation and level of practicing. These countries could be waited to promote to become first semi-representative democracy countries, and after to become semi-direct democracy countries in the future.

Table 11. Classification and Comparison on Regulation and Practice of Direct Democracy 18 Countries in Middle East

countries	national referendum into Constitution	obligatory constitutional referendum	popular initiative	ordinary facultative referendum	extraordinary facultative referendum	democratic system typology	national referendum volume until 2017
Egypt	Y	Y	N	Y	Y	semi-direct	29
Syria	Y	Y	N	Y	Y	semi-direct	16
Turkey	Y	Y	N	N	Y	semi-representative	7
Iraq	Y	Y	N	N	Y	semi-representative	3
Iran	Y	Y	N	N	Y	semi-representative	3
Bahrain	Y	Y	Y	N	Y	semi-representative	2

Table 11. Classification and Comparison on Regulation and Practice of Direct Democracy 18 Countries in Middle East（續）

countries	national referendum into Constitution	obligatory constitutional referendum	popular initiative	ordinary facultative referendum	extraordinary facultative referendum	democratic system typology	national referendum volume until 2017
Pakistan	Y	Y	N	N	Y	representative	2
Ye door	N	N	N	N	Y	representative	2
Kada	N	N	N	N	Y	representative	1
Cypress	N	N	N	N	N	representative	0
Afghanistan	N	N	N	N	N	representative	0
Lebanon	N	N	N	N	N	representative	0
Jordan	N	N	N	N	N	representative	0
Kuwait	N	N	N	N	N	representative	0
United Arab Emirates	N	N	N	N	N	representative	0
Oman	N	N	N	N	N	representative	0
Israel	Y	Y	N	N	N	representative	0
Saudi Arabia	N	N	N	N	N	representative	0

Source: Author's collection.

Africa system

The classification and comparison on regulation and practice of direct democracy, with totally 19 countries in Africa. (see Table 12)

First degree countries: Botswana and Algeria belong to semi-direct democracy countries. They had outstanding performances for their direct democracy regulation and level of practicing. These countries could be reached so called paradigm country on direct democracy.

Second degree countries: Morocco, Comoros, Benin, Congo Republic, Central African Republic, Burkina Faso, Ghana, Burundi, Senegal, Sudan and Chad belong to semi-representative democracy countries. They had passable performance for its direct democracy regulation and level of practicing. These countries still could be waited to promote to become semi-direct democracy countries.

Table 12.　Classification and Comparison on Regulation and Practice of Direct Democracy 19 Countries in Africa

countries	national referendum into Constitution	obligatory constitutional referendum	popular initiative	ordinary facultative referendum	extraordinary facultative referendum	democratic system typology	national referendum volume until 2017
Botswana	Y	Y	Y	Y	Y	semi-direct	12
Algeria	Y	Y	Y	Y	Y	semi-direct	11
Morocco	N	N	N	Y	Y	semi-representative	11
Comoros	Y	Y	Y	Y	Y	semi-representative	9
Benin	N	N	Y	Y	Y	semi-representative	7
Congo Republic	Y	Y	Y	Y	Y	semi-representative	7

Table 12.　Classification and Comparison on Regulation and Practice of Direct Democracy 19 Countries in Africa（續）

countries	national referendum into Constitution	obligatory constitutional referendum	popular initiative	ordinary facultative referendum	extraordinary facultative referendum	democratic system typology	national referendum volume until 2017
Central African Republic	N	N	N	Y	Y	semi-representative	5
Burkina Faso	Y	Y	N	Y	Y	semi-representative	5
Ghana	N	N	N	Y	Y	semi-representative	4
Burundi	Y	N	Y	Y	Y	semi-representative	4
Senegal	Y	Y	N	Y	Y	semi-representative	4
Sudan	Y	Y	N	Y	Y	semi-representative	4
South Africa	N	N	N	Y	Y	representative	3
Chad	Y	Y	Y	Y	Y	semi-representative	3
Uganda	Y	Y	N	Y	N	representative	3
Ivory Coast	N	N	N	Y	Y	representative	2
Cameroon	N	N	N	Y	Y	representative	2
Kenya	Y	Y	N	Y	Y	representative	2
Tunisia	N	N	N	Y	Y	representative	1

Source: Author's collection.

Third degree countries: South Africa, Uganda, Ivory Coast, Cameroon, Kenya and Tunisia belong to representative democracy countries. They had no good performance for its direct democracy regulation and level of practicing. These countries could be waited to promote to become first semi-representative democracy countries, and after to become semi-direct democracy countries in the future.

Conclusion

This paper uses the points of view of famous scholars Zogg and Hamon on their governance of direct democracy, author continues doing the global survey of the classification and comparison on regulation and practice of direct democracy totally 131 countries from all over the world. His research got a concrete conclusion: Among the 131 countries, 32 countries practice their own semi-direct system, 57 countries practice semi-representative systems, and 43 countries practice representative systems[29].

The achievement for this research offers a brand new vison and value of study for direct democracy, it's valuable for research reference.

---

[29] 最後修正：Among the 131 countries, 32 countries practice their own semi-direct system, 49 countries practice semi-representative systems, and 50 countries practice representative systems.

8

結　論

茲就以下建議意見做成結論。

一、建立公民投票制度甚為重要

首先先確立公民投票基本規範。確認「公民創制」與「公民複決」兩種投票類型，俾使人民得以參與政府決策，並實踐直接民主理想。

參酌歐美實施的經驗，公民投票特針對全國與地方性法律及公共政策議題進行政治決定。歐美憲法並規範中央與地方權限（如瑞士、美國等），使得中央與地方的權限範圍互不侵犯或干預。尤其應由地方決定的事項，中央不致剝奪地方政府權限。

公民創制與複決制度，可按全國性與地方性來區分：全國性創制係指人民依法律規定程序，作成法律之立法原則；全國性複決係指人民依法律規定程序，同意或不同意法律或公共利益之重大政策；地方性創制係指人民依法律規定程序，作成自治條例之立法原則；地方性複決係指人民依法律規定程序，同意或不同意自治條例或地方自治事項有關公共利益之重大政策。

政府可考慮實施「諮詢式」公民投票。「諮詢式」公民投票雖不受法律約束，但具有民意指標的參考價值，此類投票具有彈性運用的優點，等於是大型民意調查。政府發動投票，在投票的議題上可以更寬，不必設太多的限制，一方面藉由諮詢投票累積民意的實據，另一方面亦可以減少我國因朝野與派系紛爭，及民眾對公民投票的疑慮等。

二、認識公民投票的價值

公民投票的價值在於重視民意與公民參政權之行使。公民投票正負價值評估如下。

（一）正面價值評估

1. 敦促決策腳步

有了創制與複決權政治開放的機制，足以制衡或催促議事機關，妥制立法決策，以反映時代變遷與民意流向，不再造成議事延宕或脫軌的現象。換言之，以直接民主機制協助間接民主，順利擺脫議事困境，重塑組織形象，強化一般利益的正當性。

2. 強化選民自主

間接民主的作用，選民只在投票時作頭家而已，選後就失去頭家的地位。實施直接民主制，則人民受宰制而形成的政治疏離度，或可紓解，且將可能真正當家作主，制定契合民意的法案與政策，否決與民意背離的議案，逐步回歸原本的選民自主性、參與心、投入情、權能感及責任識。

3. 減少政治腐化

實施間接民主制，由於代議士人數較少，較易以金錢、權力進行綁樁，使其失去自由意志，而做出違背民意的決定，弱化己身的權職行使，致使決定不能與公益完全一致。然一旦實施直接民主，要綁住人民即非易舉。

4. 強化正當性

人民不論以創制方式，積極主動決策，或以複決方式，肯定或否決代議機關的決策，均具有其正當性。例如歐美實施公民投票的情況，符合現代民主政治發展之趨勢。

5. 合乎正義

一旦直接民主建制，人民不再事事被動，透過聯盟的建立營造，從事多數人偏好的決策，抑或直接否決偏向特殊團體利益的決策，以免公共資源及公帑使用不當，使其更合乎正義。

6. 提升效益

在間接民主政治之下，代議士的決定基礎，每每有假民意之名，行謀私之實，或為一黨一己之私，以致決定的效益受到影響。而在直接民主的營造下，人民以自己的意見、自己的需求，作為決策的依據，將因沒有代議士居中的隔閡，而提升效益，不致因代議士的民意解讀謬誤，造成決策的難行。

7. 深化認同感

政治系統效益的提昇，重要關鍵在於公民具備參政權利，得以影響改變政策。然而，在間接民主的權力運作下，人民逐步失去頭家的地位，受到宰制，呈現與政治的疏離，且未能產生與政治系統的認同之情。故為轉化此種不良狀況，只有推動直接民主的建制一途。

間接民主的缺點繁多，而我國政黨政治又未能朝良性方面的發展，因此建議政府須妥善規劃及實施直接民主機制，透過其實施成果，一來提醒代議機關盡職，二來產生更能回應多數民意的政策，三來回歸真正民主的本意。

（二）負面價值評估

公民投票雖有其優點，然亦有許多缺點及問題。

1. 代議政治本是民主政治的基本常態

民主政治之基本原則是代議政治，從選舉中經由人民選出的民意代表或官員負責制定政策或立法。公民投票基本上似乎否定此一民主的代議體制，如果所有政策都要由公民投票決定，那又何需要代議機制？因此，公民投票事實上似乎是對代議體制的一種否定。

2. 違反菁英政治與專家政治的原則

多數的公共政策皆專業性，並非一般人所能瞭解，將複雜的公共政策交由不具有專業知識的一般民眾來決定，基本上，是違反了「菁英政治」

與「專家政治」的原則。

3. 造成民意太過於單純化

公民投票是就一政策取向，單以贊成或反對來加以投票決定，但是在多數的政策中，並非贊成或反對就能概括所有的民意。

4. 未必真正解決政策紛爭

主張公民投票者，認為公民投票是解決紛爭最好的方法。問題是訴諸公投的議題皆是極富爭議，而且似容易造成情緒對立，輸的一方不一定會接受公民投票結果。

5. 技術層面複雜

公民投票的技術與範圍亦有太多的問題。這些技術問題皆可能造成公民投票結果的效力打折扣。此外公投亦涉及大量人力、物力及財力的耗費等問題。

6. 誤入民粹主義

公投如果處理不好，很容易走上民粹主義，迷信群眾力量的結果，最後群眾的不理性很可能會摧毀了民主體制。因而，以公民投票手段來解決公共政策的問題，基本上需謹慎估量。公民投票似乎是一種反菁英政治、反專家政治、反代議政治，而且容易造成正反雙方情緒對立的一種工具。

（三）實施公民投票須審慎以對

政府使用公民投票來解決公共政策問題時，必須謹慎思考以下問題：

1. 要尊重體制

現有的代議體制要尊重，不要隨意越過現有之體制，直接訴諸群眾來決策，如此做法很可能最終破壞現有的民主體制。

2. 地方利益與國家利益兼顧

任何一個政策皆可能影響到少數人的權益，有些人喜歡、有些人不喜

歡，此時尤應考慮國家利益與地方利益兼顧，甚至有時在國家整體利益考量下，可能仍要犧牲某些地方利益。政治人物此時應勇於承擔責任，而不是把責任推給人民來決定。

3. 政策的延續性

選舉雖然造成政治人物的更迭，但政府應是一體的，政府政策應有延續性，不應爲選舉或政黨的輪替就完全否定前任的政策，如此必然造成政策的不確定性。

4. 政府須洞悉民意

尤重要者，政府須洞悉民意之所向。公投有如賭注，一翻兩瞪眼，輸贏立刻分曉。政府若無十足的把握，在投票前測出投票結果，而此結果正符合政府既定之政策，則公投實在不用輕易嘗試。

總之，直接民主雖可以彌補間接民主之不足。但是，在推動直接民主之際，政府機關要以理論與實例說服疑慮，並以妥適的制度設計，使間接與直接兩制並行於不悖，相輔相成，務使人民位居頭家的地位，不受不當的宰制，並使公民投票的眞正意義不致受到嚴重的扭曲。

三、瑞士、法國、義大利及俄羅斯實施全國性公民投票之經驗實屬重要，值得參考

以瑞士言之，公民複決（Referendum），此一詞源自瑞士，其本意是向授權者報告、接受授權者批准之意，這一詞的歷史起源是瑞士的格蘭伯登（Granbunden）及瓦利思（Wallis）兩州係許多地方政府之聯盟，當時各地方政府派遣代表形成代表者會議，以討論州共同之政務，並制定法案，但是這些代表並無最後決定之權，會議內所有的重要決議都只是代表們爲了向授權的地方政府報告，以獲其批准（ad referendum）而暫由代表接受而已。這樣的制度就逐漸演變成今日「由人民直接批准」的公民投票制度。在這種制度下，除強制性公民投票一定要交由公民票決之外，有提

案權的國家機關如總統、議會或州政府亦可依一定的要件提出議案交由公民票決，以決定議案是否通過。至於一般人民則可以採取創制（initiative）方式提出議案，交由公民票決批准，此人民提出的議案可以是議會所沒有制定過的任何法案或政策，稱為人民創制（popular initiative）；或是對議會已通過的法案、政策要求再一次由人民複決，以決定是否通過。

公民投票源於大思想家盧梭的主張，盧梭認為憲法是為人民所訂定之社會契約，是人民的一般意志，人民應透過其主權者的身分，不斷確認一般意志的內涵，這樣的主張使得法國在 1793 年以公民投票方式通過憲法，而瑞士更在憲法中明文規定人民有申請創制憲法之權，不只可提案要求修正憲法部分之條文，更可要求修正整部憲法。

瑞士的公民投票在世界上是極富盛名的例子。瑞士是聯邦制國家，地方政府（各邦及村鎮自治團體）中的人民都有充分參與國家大事的權利與義務，他們的公民投票一般亦是為通過重要提案（如新的稅捐、支出、婦女投票權、外勞數目與權利等），而不是選出政客，去實行代議政治。這個直接民主的例子，事實上，實無法以實行代議政治的我國相提並論，台灣礙於為非聯邦性的制度，亦不可能將公民投票落實到地方自治層面。尤其以瑞士的特例言之，瑞士人把國家及地方政府（即自治團體）的利益放在首位，個人權益及意見列為次要。瑞士人有強烈的團體觀念，他們對個人的利益雖重視，但他們亦認定，如果團體利益完全遷就個人利益，損失將會更大。有瑞士人這種以團體（國家）為重的良好素養，屬於直接民主的聯邦制才能運行不輟，公民投票才能不被誤用乃至濫用。

以法國言之，公民投票的理論基礎，乃是基於「直接民主」的基本論據，係由法國提出。法國是最早實施公民投票的國家。法國 1793 年制憲，即以公民投票表決。瑞士、義大利、美國的公民投票，同樣是受到法國的影響。例如，法國第五共和創建初期，即用直接民主來解決問題。法國傳統立法權獨大，行政權不斷被倒閣，故第五共和引進總統直選便以公民投票來決定。法國以公民投票的方式，為讓民意可以直接到達行政權，藉以解決問題。我國涉及統獨爭議，往往針對國家政策重大議題，缺乏共

識，造成立法院專制、藍綠惡鬥。民調顯示：民眾最感厭惡的特定對象為民意代表及政黨。蔡英文女士身為民選總統，在考量須向人民負責的情況下，似可考慮如法國經驗，代表人民提出公民投票的訴求，藉以解決政爭，並進一步強化總統取信於民之基礎。

法國第五共和憲法規定，國民主權的表現方式有兩種：一是公民投票，一是代議政治，而且是兩套制度併行。過去我國憲法是以國民大會來行使人民的創制複決權，而國大代表基本上亦是人民選出來的代議士。以法國的修憲程序而言，憲法之修改，由總統依總理之提議提出，或由國會提出。憲法修正草案應經國會兩院表決通過。憲法之修改經公民複決同意後，始告確定。總統決定將憲法修正草案提交國會兩院聯席會議表決，則此憲法修正草案勿須提交公民複決；在此情形，此憲法修正草案須獲聯席會議五分之三之多數有效票贊成，始得通過。

由上述修憲程序可知，法理上，公民複決對修憲扮演相當重要角色，但事實上，法國修憲案皆交由國會兩院聯席會議決通過，僅 2000 年一次交由公民複決，此次複決，雖然罕見，但對法國總統與憲法而言，意義重大。

我國修憲案議決門檻過高，同時，為符合國民主權原理，修憲案經國會通過後，亦應交由公民複決。我國似可學習法國制度，賦予總統或國會得將修憲案提交公民複決的權限，使人民得享有最終的決定權。

依照瑞士、法國、義大利及俄羅斯實施的經驗，我們發現中介機構對於公民投票仍扮演極重要的角色。政府與政黨不但可策動公民投票，還可以彼此監督與制衡，因而，公民投票亦並非完全如民粹主義般。其次，公民投票的性質往往決定其用途，如果國家僅允許由政府機關發動投票，則公民投票常會被政黨及政治人物利用來達成其政治目的。如國家亦允許由人民發動投票，則人民有權牽制政府和政黨，避免濫權。

其實，上述四國的公民投票率皆不高，這並非代表人民不支持公民投票制度，公民投票的投票率高或低的因素複雜，無法完全歸咎於制度的本身，而瑞士、法國、義大利及俄羅斯的民調皆顯示民眾對其現行公民投票

制度感到滿意，其正當性應毋庸置疑。至於選民的參政能力是有些不足，尤其是一般民眾的政治知識及相關資訊不足，但這並不表示他們的決定就一定是不明智的，選民可運用資訊捷徑來做政治投票決定，其後果亦不見得不明智。

公民投票當然亦有負面作用，公民投票結果涇渭分明，反而鼓勵對立。在多元分歧的社會裏（如族群對立），公民投票並無法消弭社會分歧。例如 1961 年法國舉行「阿爾及利亞自決」公民投票，以投票意向顯示法國傳統保守派與自由派之對立仍舊十分明顯；2005 年法國公投否決歐洲憲法草案，亦被形容是極左派與極右派之大勝利。尤其在義大利、瑞士等地，公民投票常會衝擊公共政策與代議機構，形成對立的局面。

由實施經驗看，愈是非民主國家，公民投票的實施經驗愈顯不夠；而先進國家，公民投票除了用來解決國家主權或憲政體制的基本問題外，更廣泛應用於各項國內法律或公共政策議題。由此可知，公民投票已成為現代國家的民主化指標。

瑞士、法國、義大利皆於憲法中對全國性公民投票制度有明確的規範，而所採行的公民投票方式則以公民複決為主。另外瑞士、義大利憲法亦明文規定有公民創制權。至於強制性與任意性的公民投票則同時皆有。在適用範圍上，全國性公民投票大致可適用於以下事項：公共政策或國家重大政務、政府組織、憲法的修訂或制定、國際條約與組織，以及人民的權利義務等事項。至於俄羅斯的公民投票訴求，係以主權獨立及憲政體制為主。

四、美國地方性公民投票亦值得推廣

各州在實行公民投票複決權方面兼具兩大類型：一為憲法複決權（Constitutional Referendum），二為政策複決權（Public Policy Referendum），此兩大類型甚具特色。

（一）憲法複決權

為強調憲法的制定或修訂須具備民意基礎，美國各州透過憲法規定，制憲或修憲不但要得到國會多數的認可，還要獲得多數公民的認同。因此，在制憲或修憲工作完成後，還要再舉行公民投票，並得到多數公民之支持，才算正式通過。否則的話只要公民中有某一比例的人數（通常是過半數）表示反對，修憲工作即被否決。此一設計原意是為了鞏固憲法的安全性，亦可說是維護民主憲政體制的一種作法，但只有美國各州透過憲法的規定有此制度設計，美國聯邦憲法卻無此種規範。

（二）政策複決權（法案複決權）

凡是國會或各級議會所通過的法案，只要有一定數額的公民表示異議，或議會為求審慎起見，要求公民對此一法案進行投票，即可舉行此種公民投票。美國各州對於政策複決權之行使，經常舉行公民投票。但是美國聯邦則無此一規範。

一般言之，美國地方州政府公民投票權之行使，主要係針對地方自治重大事項，例如：地方重大開發案、法律案、增稅案、重大行政措施案等。其行使情況如下：

1.地方行政：立法機關協議後，不敢貿然決定的重大政策或立法案，依法委付公民投票；

2.地方行政：立法機關對重大決策、立法案產生嚴重衝突，須提經公民投票做最後決定案；

3.行政或立法嚴重懈怠，影響社區或地方民眾重大權益案。質言之，公民投票可分強制與任意公民投票兩種，而且，應依據一定的法律規定與授權。

美國地方尤其當重大自治權益事項，涉及跨地區公民的權益，或牽涉其他地方政府行使公民投票職權時，亦即涉及跨政府間職權時，其公民投

票權的行使尚需受到下列限制：

1.如涉及跨如同鄉鎮或縣市層級權益時，其公民投票結果並無最後拘束力，只能提供上級政府（含自治政府）立法或行政機關參考。

2.如涉及跨鄉鎮或縣市權益時，應依法發起於更高層級或更大地區，完成公投程序，才能產生一定的法律效力；

3.涉及跨地區權益事項，該地區的公民投票結果，只能做為跨地區政府間協商、決策的參考。

其實，美國地方政府對公民投票的行使，仍然有限與保留。例如涉及地方重大開發案，美國通常採取的途徑如下。

1.須經專業性、技術性的審查與評估；

2.須經相關利益團體與地方公民的公聽討論及辯論程序；

3.透過相關層級政府的立法、行政機制，及政黨協商途徑，經法定程序否決，或完成決策、立法。質言之，美國為實踐公民社會（Civil Society）的市民主權與市民參政理念，所行使的公民投票權，係基於單一自治區權益範圍內，在現有政府與自治機制無法發揮正常協商、立法與決策機制，或發生行政、立法懈怠時的救濟途徑，而且尚須考慮跨區利益、社會利益及其他專業評估、聽證、協商性程序等問題，而非全然以公投主義或民粹主義為唯一依歸。

五、全世界公民投票有愈來愈增多之趨勢

以全球公民投票之經驗言之，全世界公民投票有愈來愈增多之趨勢，主要原因在聯合國體系之下的 193 個會員國，大多數的國家均為民主國家，擁有民主憲法與國家主權，並受世界各國之承認。較先進的歐美國家，為致力於實施半直接民主制（semi-direct democracy），不遺餘力，率先倡導公民創制與複決權之行使，造成公民投票數量有愈來愈擴增之趨勢。

英國 2016 年 6 月 23 日以全民公民投票脫離歐洲聯盟，舉世震驚。綜

觀英國與歐盟間之關係，英國政府從過去以來至今，不論保守黨或工黨執政，即以一貫之態度，對歐盟採以若離若合之態度。既便於過去歐體所倡導之政治合作與單一市場之建立，均獲英國領導人簽字同意，然而，英國卻反對成立歐洲聯邦、反對官僚主義干預自由市場及新自由主義。尤其，英國向來認爲建立歐盟超國家組織將損及英國西敏寺之國會主權。最後英國政府斷然決定離開歐洲聯盟，運用全民投票由英國人民做出決定，造成全世界政治大地震。誠然，英國反對超級歐洲之主要理由是歐體於第二次世界大戰結束後建立，除了歐陸國家會員國外，英國對於歐洲之整合表現出較不積極之態度。英國認爲提振歐洲國家之政經合作關係，遠比建立歐洲超國家組織更爲重要；此外，受其政治傳統與兩次世界大戰之影響，英國強調維持國家之主權與獨立，除了須與大英國協（宗主國與舊英殖民地）保持合作關係外，並與美國持續建立合作聯盟之關係。

　　本書進行全世界 132 國直接民主規範與公民投票實施次數評比，探宏微觀之系統歸納比較法，研究成果得出 33 國爲半直接民主，49 國爲半代表民主，50 國爲代表民主，共計爲數 1,669 次全國性公投之實施。

　　本書特爲 21 世紀新民主治理學立下了新的詮釋與註解，及提供了研究直接民主公民投票嶄新之實證研究方向，具研究參考價值。

••• 參考文獻 •••

一、中文

行政院人權保障推動小組（2002）「中華民國人權政策白皮書」。台北：行政院。

李昌麟（2000）「英法地方自治體制之研究」。台中：台灣省諮議會。

李昌麟（2014）《比較公民投票制度》。台北：五南圖書出版公司。

吳宜容（譯），Butler, David, and Austin Ranney（原著）（2002）《公民投票的實踐與理論》。台北：韋伯文化。

柯三吉（1999）「創制複決兩權行使理論與實務之研究」，中央選舉委員會專案研究報告。台北：中央選舉委員會。

洪茂雄（2011）〈新興民主國家制憲公投的實踐與評估—以社會主義國家之轉型為例〉收錄於《國際社會公民投票的類型與實踐》。台北：新學林出版股份有限公司。

孫文（1981）《國父全集》。台北：中央文物供應社。

常健（1997）《人權的理想、爭論與現實》。台北：洛克出版社。

曹金增（2004）《解析公民投票》。台北：五南圖書出版公司。

陳隆志、陳文賢等（2011）《國際社會公民投票的類型與實踐》。台北：新學林出版股份有限公司。

陳耀祥（2011）〈聯邦國家的地方公民投票制度—以德國為例〉收錄於《國際社會公民投票的類型與實踐》。台北：新學林出版股份有限公司。

張福昌（2011）〈單一國家地方自治公投研究—以義大利為例〉收錄於《國際社會公民投票的類型與實踐》。台北：新學林出版股份有限公司。

黃昭元（譯），Kaufmann, Bruno, Rolf Büchi, and Nadia Braun（原著）（2007）《直接民主指南：瑞士與全球》。台北：財團法人台灣民主基金會。

黃錦堂（2001）「公民創制複決草案公廳會實錄」。台北：國家政策研究基金會。

張君勱（1997）《中華民國民主憲法十講》重印本。

楊志誠（1998）《中華民國憲政民主之探討》。台北：大中國圖書公司。

廖揆祥等（譯），Setälä, Maija（原著）（2003）《公民投票與民主政府》。台北：韋伯文化。

劉嘉寧（1990）《法國憲政共治之研究》。台北：台灣商務印書館。

謝富生、張台麟（1997）「公民投票（創制複決）制度比較研究」。台北：行政院研考會。

羅毫才、吳擷英（1997）《憲法與政治制度》。台北：洛克出版社。

蘇宏達（2011）〈檢視古典現實主義對戴高樂時期歐洲統合運動發展的解釋（1958-1969）〉，蘇宏達主編，《歐洲聯盟的歷史發展與理論辯論》。台北：台大出版中心。

二、英文

ALTMAN, D. (2011). Direct Democracy Worldwide. Cambridge: Cambridge University Press.

BAKER. SEAWRIGHT, D. (1998). Britain for and against Europe. Clarendon Press.

BERNHARD, L. (2012). Campaign Strategy in Direct Democracy. New York, Palgrave Macmillan.

BOGDANOR, V. (1981). Referendums and separatism II. In A. Ranney (Ed.), The referendum device (pp. 143-170). Washington. D.C.: AEI Press.

BRYCE, L. (1921). Modern democracies. London, Macmillan.

BULMER. BURCH, M. (2009). The Europeanisation of Whitehall: UK Central Government and the European Union, Manchester University Press, 2e Ed.

BUTLER, RANNY. A. (1994). Referendums around the World: The Growing Use of Direct Democracy. Washington, D.C.: American Enterprise Institute.

BUTLER, D. (2001). "Referendums in Northern Europe". in Le référendum en Europe, Bilan et perspectives (pp. 60-73). Paris, L'Harmattan.

BUTLER. KITZINGER, U. (1976). The 1975 Referendum. Macmillan.

CHRISTMANN, A. and DANACI, D. (2012). Direct Democracy and Minority Rights: Direct and Indirect Effects on Religious Minorities in Switzerland. Politics and Religion. 5 (1). pp.133-160.

COBBS, ROGER W., CHARLES D. ELDER. (1972). "Participation in American Politics: the dynamics of Agenda-building." pp. 93-105. John Hopkins University Press.

DARDANELLI, P. (2011). The Emergence and Evolution of Democracy in Switzerland. In Malone, M. F. T. (Ed.) Achieving Democracy: Democratization in Theory and

Practice. New York/London: continuum.

FELD, L. P. and KIRCHGÄSSNER, (2000). Direct democracy, political culture, and the outcome of economic policy. A report on the Swiss experience. European Journal of Political Economy. 16. pp.287-306.

GEDDES, A. (2013). Britain and the European Union, Palgrave.

HILL, W. S. (1995). The Referendum in Communist and Post-communist Europe. Moscow: Center for the study of public policy University Strathclyde.

HOOGHE. MARKS, G. (2009). "A Postfunctionalist theory of European integration: From permissive consensus to constraining dissensus", British Journal of Political Science, vol. 39, no.1, pp.1-23.

IDEA International Institute for Democracy and Electoral Assistance. (2008). Direct Democracy. Stockholm: International IDEA.

INITIATIVE AND REFERENDUM INSTITUTE. (2005). Guidebook to Direct Democracy. Marburg, Germany.

KAUFMANN. BUCHI, R, et al. (2010). Guidebook to Direct Democracy in Switzerland and Beyond. Malberg: Initiative and Referendum Institute Europe.

KAUFMANN. PICHLER, JW. (2010). The European Citizens' Initiatives. Wien: European Academic Press.

KOBACH, K. W. (1994). Switzerland. In Butler, D. and Ranney, A. Referendums around the World: The Growing Use of Direct Democracy. Washington DC: AEI Press.

KRIESI, H. (2005). Direct Democratic Choice, The Swiss Experience. Lanham/Boulder/New York/Toronto/Oxford: Lexington Books.

KRIESI, HANSPETER, TRECHSEL, ALEXANDER H. (2008) The Politics of Switzerland: Continuity and change in a Consensus Democracy, Cambridge University Press.

KRIESI, H. (Ed.) (2012). Political Communication in Direct Democratic Campaigns: Enlightening or Manipulating? New York: Palgrave Macmillan.

INITIATIVE AND REFERENDUM INSTITUTE (2005) Guidebook to Direct Democracy. Marburg, Germany.

LI, CL. (2015). "The Rising of Initiative and Referendum for the Replacement of the

Decline of Parliaments", International relations and Diplomacy, Volume 3, Number 3, March, pp. 220-228. New York.

LINDER, W. (2007). Direct Democracy. In Klöti, U. et al. (Eds.) Handbook of Swiss Politics. 2nd, completely revised version. Zürich: Neue Zürcher Zeitung Publishing.

LINDER, W. (2010). Swiss Democracy: Possible Solutions to Conflict in Multicultural Societies. Third Edition, Revised and Updated. Basingstoke: Palgrave Macmillan.

LÜCHINGER, S. ROSINGER, M. and STUTZER, A. (2007) The Impact of Postal Voting on Participation: Evidence from Switzerland. Swiss Political Science Review. 13 (2). pp. 167-202.

LUTZ, G. (2007). Low turnout in direct democracy. Electoral Studies (26). pp.624- 632.

LUTZ, G. (2012). Switzerland: Citizens' Initiatives as a Measure to Control the Political Agenda. In Setälä, M. and Schiller, T. (Eds.) Citizens' Initiatives In Europe: Procedures and Consequences of Agenda-Setting by Citizens. Basingstoke: Palgrave Macmillan.

LADNER, A. (2007). Political Parties. In Klöti, U. et al. (Eds.) Handbook of Swiss Politics. 2nd, completely revised version. Zürich: Neue Zürcher Zeitung Publishing.

LADNER, A. and BRÄNDLE, M. (1999) Does Direct Democracy Matter for Political Parties? Party Politics. 5 (3). pp. 283-302.

LADNER, A. and FIECHTER, J. (2012). The Influence of Direct Democracy on Political Interest, Electoral Turnout and Other Forms of Citizens' Participation in Swiss Municipalities. Local Government Studies. 38 (4). pp. 437-459.

LESTON-BANDEIR, C. (2002). Paliament and Citizens in Portugal: Still looking for links. In P. Norton (ed.), Parliaments and citizens in Western Europe, pp. 128-152. London, Frank Class.

MENON. WRIGHT, V. (1998). "The Paradoxes of Failure: British Eu Policy Making in Comparative Perspective", Public Policy and Administration, vol. 13. No 4, London.

NORTON, P. (2002). Parliaments and Citizens in Western Europe. London, Frank Class.

NORTON, P. (2012). Parliamemts and citizens in the United Kingdom. The Journal of Legislative Studies, 18(3/4), 403-418.

PAPADOPOULOS, Y. (2001). How Does Direct Democracy Matter? The Impact of Referendum Votes on Politics and Policy-Making. In Lane, Jan-Erik (Ed.) The Swiss Labyrinth: Institutions, Outcomes and Redesign. London/Portland OR: Frank Cass.

PARR, H. (2005). Britain's Policy towards the European Community: Harold Wilson and Britain's World Role, 1964-1967, London, Routledge.

SCHNAPPER, P. (2011). British Political Parties and National Identity: A Changing Discourse1997-2010, Newcastle, Cambridge Scholars Publishing.

SERDÜLT, U. (2010). Internet Voting for the Swiss Abroad of Geneva: First Online Survey Results. In Chappelet, J.-L. et al. (Eds.) Electronic Government and Electronic Participation: Joint Proceedings of Ongoing Research and Projects of IFIP EGOV and ePart 2010. Schriftenreihe Informatik, 33. Linz: Trauner Verlag.

SERDÜLT, U. (2010a). Referendum Campaign Regulations in Switzerland. In Lutz Gilland, K. and Hug, S. (Eds.) Financing Referendum Campaigns. New York: Palgrave Macmillan.

SERDÜLT, U. and WELP, Y. (2012). Direct Democracy Upside Down. Taiwan Journal of Democracy. 8 (1) pp. 69-92.

SETÄLÄ, M. (1999). Referendums and Democratic Government: Normative Theory and the Analysis of Institutions. Basingstoke/New York: Palgrave Macmillan.

SUKSI, M. (1993). Bringing in the People: A Comparison of Constitutional Forms and Practices of the Referendum. Dordrecht Boston, Martinus Nijhoft.

THE COUNCIL OF STATE, (1988). Governments The Book of the States, 1988-89. New York: Ed. Lexington, Ky.

TRECHSEL, A. (2007). Popular Votes. In Klöti, U. et al. (Eds.) Handbook of Swiss Politics. 2nd, completely revised version. Zürich: Neue Zürcher Zeitung Publishing.

TRECHSEL, A. and SCIARINI, P. (1998). Direct democracy in Switzerland: Do Elites Matter? European Journal of Political Research. 33 (1). pp . 99-124.

WALL, S. (2008). A Stranger in Europe: Britain and the EU from Thatcher to Blair, London, Oxford University Press.

三、法文

ALEXENDRE-COLLIER, A. (2002). La Grande-Bretagne eurosceptique? Paris, Editions du Temps.

ASSEMBLEE, SENAT (2002). Les pouvoirs publics, Textes essentiels. Paris, La Documentation Française,

AUBERT, J. (1972). "Le référendum populaire", Revue de droit suisse, no. 5: 481-495.

AUBERT, J.-F, MAHON, P. (2003). Petit commentaire de la Constitution fédérale de la Confédération suisse.

AUER, A. (Ed.) (1996). Les origines de la démocratie directe en Suisse – Die Ursprünge der schweizerischen direkten Demokratie. Basel/Frankurt: Helbing & Lichtenhahn.

AUER, A. (1996a). Le référendum constitutionnel. In AUER, A. (Ed.) Les origines de la démocratie directe en Suisse – Die Ursprünge der schweizerischen direkten Demokratie. Basel/Frankurt: Helbing & Lichtenhahn.

BRAUNSTEIN, J.-.F. (1998). Du contrat social, Livre I à IV, Texte integral. Paris, Editions Natran.

BROWN, B. (1994). L'Etat et la politique aux Etats-Unis. Paris, PUF.

CAPITAN, R. (1972). Démocratie et participation politique. Paris, Bordas.

COMMISSION EUROPEENNE, (2013). "L'opinion publique dans l'Union européenne", Eurobarometre Standard, No. 79, Printemps.

DELLY, J.-D. (2001). "La professionnalisation des campagnes référendaires", dans F. Hamon et O. Passelecq (dir.), Le référendum en Europe: bilan et perspectives, Paris, L'Hammatan.

DIEMERT, S. (1995). "Constitution californienne de 1879". Textes constitutionnels sur le référendum, Paris, PUF. Coll. Que sais-je?

GAUDILLERE, Bernard. (1994). in "Les institutions de l'Italie". Documents d'Etudes, no.1-17. Paris, La Documentation Française.

GRISEL, ETIENNE (2004). Initiative et réferendum populaires, traité de la démocratie semi-directe en droit suisse, Stämpfli Verlag.

HAMON, F. (1997). Le référendum, droit constitutionnel et institutions politiques, Paris, La documentation Française.

HAMON, F. (2001). Le contrôle du référendum. L'Harmattan, pp. 213-229.

HAMON. PASSELECQ. O. (2001). Le référendum en Europe, Paris, L'Harmattan.

HAMON, F. (2006). "Le référendum, Etude comparative", Paris, LGDJ.

HAMON, F. (2006). Informations du Centre d'Etudes et de documentation sur la démocratie directe, Paris, La documentation Française.

HOTTELIER, MICHEL (2003). "Suisse: réforme des droits politiques de rang fédéral", RFDC.

KLÖTI, ULRICH, KNOEPFEL, PETER, KRIEEI, HANSPTER, LANDER, WOLF, PAPADOPOULOS, YANNIS, SCIARINI, PASCAL (2006). Manuel de la politique Suisse, Nzz Libro.

JOYE, D. and PAPADOPOULOS, Y. (1994). Votations moteur: les logiques du vote blanc et de la participation. In Papadopoulos, Y. (Ed.) Elites politiques et peuple Suisse: Analyse des votations fédérales: 1979-1987, Lausanne.

LA BELLE VOISINE (2007). Démocratie et participation citoyenne, la Suisse, un exemple à suivre? Rencontres 2007.

LASSAL, J.-P. (2001). Les institutions des Etats-Uni, Documents d'Etudes, no. 1.01. Paris, La documentation Française.

MANZELLA, A. (2001). "Le référendum italien", Pouvoirs, no. 77, 1996. Mény, Yves. et Surel, Yves. Politique comparée, Paris, Montchrestien.

MONNIER, V. (1996). Le référendum financier dans les cantons suisses au 19e siècle. In Auer, A. (Ed.) Les origines de la démocratie directe en Suisse – Die Ursprünge der schweizerischen direkten Demokratie. Basel/Frankurt: Helbing & Lichtenhahn.

MOTTIER, V. (1993) La structuration sociale de la participation aux votations fédérales. In Kriesi, H. (Ed.) Citoyenneté et démocratie directe: Compétence, participation et décision des citoyens et citoyennes suisses. Zürich: Seismo.

MINISTERE DES AFFAIRES ETRANGERES. (1999). Nouvelle Edition sur la France, Paris, La documentation Française.

PASQUINO. PELIZZO, R. (2006). Parlamenti democratici. Bologna: Il Mulino.

PASSELEC, O. (2001). "Le référendum en France: La voie étroite de la démocratie", Paris, L'Harmattan.

PAPADOPOULOS, Y. (2000). Les processus de décision fédéraux en Suisse, Editions L'Hamattan.

PEYREFITTE, A. (1994). C'était de Gaulle. Paris, Fayard.

PIZZORUSSO, A. (2000). Le référendum en Italie, Actes du colloque sur leréférendum en Europe, Paris, L'Harmattan.

RANNEY, A. (1996). "référendum et démocratie", Revue: Pouvoirs, Paris, Seuil, no. 77.

ROUSSEAU, J-J. (2001). Du contrat social Livres I à IV. Texte Intégral. Paris: Nathan.

TORNAY, B. (2008). La démocratie directe saisie par le juge: l'empreinte de la jurisprudence sur les droits populaires en Suisse. Zürich: Schulthess Verlag.

WILI, H-U. (2006). Droits populaires à la Chancellerie fédérale de la Confédération helvétique. Berne Switzerland.

ZOGG, S. (1996). La démocratie directe en Europe de l'Ouest, Paris, Centre européen de la culture et Actes Sud.

ZOGG, HAMON, F. (2006). «Démocratie représentative et démocratie directe: Typologie des systèmes démocratiques". Documents d'études,1 (21): 1-2. Paris, La documentation Française.

••• 附錄　公民投票法 •••

民國107年1月3日總統令修正公布

第一章　總　則

第一條

依據憲法主權在民之原則，為確保國民直接民權之行使，特制定本法。本法未規定者，適用其他法律之規定。

公民投票涉及原住民族權利者，不得違反原住民族基本法之規定。

第二條

本法所稱公民投票，包括全國性及地方性公民投票。

全國性公民投票，依憲法規定外，其他適用事項如下：

一、法律之複決。

二、立法原則之創制。

三、重大政策之創制或複決。

地方性公民投票適用事項如下：

一、地方自治條例之複決。

二、地方自治條例立法原則之創制。

三、地方自治事項重大政策之創制或複決。

預算、租稅、薪俸及人事事項不得作為公民投票之提案。

第三條

全國性公民投票之主管機關為中央選舉委員會，並指揮監督直轄市、縣（市）選舉委員會辦理之。

地方性公民投票之主管機關為直轄市政府、縣（市）政府。

各級選舉委員會於辦理公民投票期間，得調用各級政府機關職員及公立學校教職員辦理事務。受調用之政府機關、公立學校及受遴派之政府機關職員、學校教職員，無正當理由均不得拒絕。

第四條

公民投票，以普通、平等、直接及無記名投票之方法行之。

第五條

辦理公民投票之經費，分別由中央政府、直轄市政府、縣（市）政府依法編列預算。

第六條

本法所定各種期間之計算，準用公職人員選舉罷免法第四條第二項及第五條規定。

第二章　提案人、連署人及投票權人

第七條

中華民國國民，除憲法另有規定外，年滿十八歲，未受監護宣告者，有公民投票權。

第八條

有公民投票權之人，在中華民國、各該直轄市、縣（市）繼續居住六個月以上，得分別為全國性、各該直轄市、縣（市）公民投票案之提案人、連署人及投票權人。

提案人年齡及居住期間之計算，以算至提案提出日為準；連署人年齡及居住期間之計算，以算至連署人名冊提出日為準；投票權人年齡及居住期間之計算，以算至投票日前一日為準，並均以戶籍登記資料為依據。

前項投票權人年齡及居住期間之計算，於重行投票時，仍以算至原投票日前一日為準。

第三章　公民投票程序

第一節　全國性公民投票

第九條

公民投票案之提出，除另有規定外，應由提案人之領銜人檢具公民投票案主文、理由書及提案人正本、影本名冊各一份，向主管機關為之。

前項領銜人以一人為限；主文以不超過一百字為限；理由書以不超過二千字為

限。超過字數者，其超過部分，不予公告及刊登公報。

第一項提案人名冊，應依規定格式逐欄填寫，提案人應親自簽名或蓋章，填具本人國民身分證統一編號及戶籍地址，並分直轄市、縣（市）、鄉（鎮、市、區）別裝訂成冊。

主管機關應建置電子系統，提供提案人之領銜人徵求提案及連署；其提案及連署方式、查對作業等事項之辦法及實施日期，由主管機關定之。

採電子提案及連署者，其文件以電磁紀錄之方式提供。

公民投票案之提出，以一案一事項為限。

第十條

第二條第二項各款之事項，公民投票案提案人人數，應達提案時最近一次總統、副總統選舉選舉人總數萬分之一以上。

主管機關於收到公民投票提案或補正之提案後，應於三十日內完成審核。經審核有下列情事之一者，應敘明理由，通知提案人之領銜人於三十日內補正，並以一次為限，逾期未補正或經補正仍不符規定者予以駁回：

一、提案非第二條規定之全國性公民投票適用事項。

二、提案不合前條規定。

三、提案有第三十二條規定之情事。

四、提案內容不能瞭解其提案真意。

五、提案人數不足本條第一項規定。

主管機關依前項第一款、第三款、第四款及前條第六項規定命補正者，應先舉行聽證會，釐清相關爭點並協助提案人進行必要之補正。前項三十日內補正之期間，自聽證會結束日起算。

公民投票案經主管機關認定合於規定者，應函請戶政機關於十五日內查對提案人。

戶政機關應依據戶籍登記資料查對提案人名冊，有下列情事之一者，應予刪除：

一、提案人不合第八條第一項規定資格。

二、提案人姓名、國民身分證統一編號或戶籍地址書寫錯誤或不明。

三、提案人名冊未經提案人簽名或蓋章。

四、提案人提案，有偽造情事。

提案人名冊經查對後，其提案人數不足本條第一項規定時，主管機關應通知提案

人之領銜人於三十日內補提，補提後仍不足規定人數或逾期不補提者，該提案應予駁回。

提案合於本法規定者，主管機關應依該提案性質分別函請相關立法機關及行政機關於收受該函文後三十日內提出意見書；逾期未提出者，視爲放棄。意見書以二千字爲限，超過字數者，其超過部分，不予公告及刊登公報。

前項提案經審核完成符合規定者，主管機關應通知提案人之領銜人於十日內向主管機關領取連署人名冊格式或電子連署系統認證碼，徵求連署；逾期未領取者，視爲放棄連署。

第十一條

公民投票案於主管機關通知連署前，得經提案人總數二分之一以上同意，由提案人之領銜人以書面撤回之。

第十二條

第二條第二項各款之事項，連署人數應達提案時最近一次總統、副總統選舉選舉人總數百分之一點五以上。

公民投票案連署人名冊，應由提案人之領銜人，於領取連署人名冊格式或電子連署系統認證碼之次日起六個月內，向主管機關提出；逾期未提出者，視爲放棄連署。

前項連署人名冊，應依規定格式逐欄填寫，連署人應親自簽名或蓋章，填具本人國民身分證統一編號及戶籍地址，並分直轄市、縣（市）、鄉（鎮、市、區）別裝訂成冊，以正本、影本各一份向主管機關提出。

公民投票案依第二項或第十條第八項規定視爲放棄連署者，自視爲放棄連署之日起，原提案人於二年內不得就同一事項重行提出之。

第十三條

主管機關收到連署人名冊後，經審查連署人數不足前條第一項之規定、經刪除未簽名或蓋章之連署人致連署人數不足或未依前條第三項規定格式提出者，主管機關應通知提案人之領銜人於三十日內補提，補提後仍不符規定者或逾期不補提者，該提案應予駁回；合於規定者，應函請戶政機關於三十日內完成查對。

戶政機關應依據戶籍登記資料查對連署人名冊，有下列情事之一者，應予刪除：

一、連署人不合第八條第一項規定資格。

二、連署人姓名、國民身分證統一編號或戶籍地址書寫錯誤或不明。

三、連署人名冊未經連署人簽名或蓋章。

四、連署人連署，有偽造情事。

連署人名冊經查對後，其連署人數合於前條第一項規定者，主管機關應於十日內為公民投票案成立之公告，該公民投票案並予編號；連署人數不合規定者，主管機關應通知提案人之領銜人於三十日內補提，補提後仍不足規定人數或逾期不補提者，主管機關應為公民投票案不成立之公告。

第十四條

行政院對於第二條第二項第三款之事項，認為有進行公民投票之必要者，得附具主文、理由書，經立法院同意，交由主管機關辦理公民投票，不適用第九條至第十三條、第十七條第一項第三款及第十九條規定。

行政院向立法院提出公民投票之提案後，立法院應在十五日內議決，於休會期間提出者，立法院應於十五日內自行集會，三十日內議決。

行政院之提案經立法院否決者，自該否決之日起二年內，不得就該事項重行提出。

第十五條

立法院依憲法之規定提出之複決案，經公告半年後，應於十日內交由主管機關辦理公民投票。

立法院對於第二條第二項第三款之事項，認有提出公民投票之必要者，得附具主文、理由書，經立法院院會通過後十日內，交由主管機關辦理公民投票，不適用第九條至第十三條、第十七條第一項第三款及第十九條規定。

立法院之提案經院會否決者，自該否決之日起二年內，不得就該事項重行提出。

第十六條

當國家遭受外力威脅，致國家主權有改變之虞，總統得經行政院院會之決議，就攸關國家安全事項，交付公民投票。

前項之公民投票，不適用第九條至第十三條、第十七條第一項關於期間與同條項第三款、第十九條及第二十三條規定。

第十七條

主管機關應於公民投票日二十八日前，就下列事項公告之：

一、公民投票案投票日期、投票起、止時間。

二、公民投票案之編號、主文、理由書。

三、政府機關針對公民投票案提出之意見書。

四、公民投票權行使範圍及方式。

主管機關應以公費，在全國性無線電視頻道提供時段，供正反意見支持代表發表意見或進行辯論，受指定之電視臺不得拒絕。其實施辦法，由主管機關定之。

前項發表會或辯論會，應在全國性無線電視頻道至少舉辦五場。

發表會或辯論會應網路直播，其錄影、錄音，並應公開於主管機關之網站。

第十八條

主管機關應彙集前條公告事項及其他投票有關規定，編印公民投票公報，於投票日二日前送達公民投票案投票區內各戶，並分別張貼適當地點，及公開於網際網路。

第十九條

創制案或法律之複決案於公告前，如經立法機關實現創制、複決之目的，通知主管機關者，主管機關應即停止公民投票程序之進行，並函知提案人之領銜人。

第二十條

公民投票案成立公告後，提案人及反對意見者，經許可得設立辦事處，從事意見之宣傳，並得募集經費從事相關活動，但不得接受下列經費之捐贈。其許可及管理辦法，由中央選舉委員會定之：

一、外國團體、法人、個人或主要成員為外國人之團體、法人。

二、大陸地區人民、法人、團體或其他機構，或主要成員為大陸地區人民之法人、團體或其他機構。

三、香港、澳門居民、法人、團體或其他機構，或主要成員為香港、澳門居民之法人、團體或其他機構。

四、公營事業或接受政府捐助之財團法人。

前項募款人應設經費收支帳簿，指定會計師負責記帳保管，並於投票日後三十日內，經本人及會計師簽章負責後，檢具收支結算申報表，向中央選舉委員會申報。

收支憑據、證明文件等，應於申報後保管六個月。但於發生訴訟時，應保管至裁

判確定後三個月。

中央選舉委員會對其申報有事實足認其有不實者，得要求檢送收支憑據或證明文件。

中央選舉委員會於收受收支結算申報四十五日內，應將申報資料彙整列冊，並刊登政府公報。

第一項辦事處不得設於機關（構）、學校、依法設立之團體、經常定為投票所、開票所之處所及其他公共場所。但政黨之各級黨部及依人民團體法設立之社會團體、職業團體及政治團體辦公處，不在此限。

公民投票辦事處與辦事人員之設置辦法，由主管機關定之。

第二十一條
公民投票應在公投票上刊印公民投票案編號、主文及同意、不同意等欄，由投票人以選舉委員會製備之工具圈定之。

投票人圈定後不得將圈定內容出示他人。

第二十二條
在公民投票案投票所或開票所有下列情事之一者，主任管理員應會同主任監察員令其退出：
一、穿著佩帶具有公民投票相關文字、符號或圖像之貼紙、服飾或其他物品、在場喧嚷或干擾、勸誘他人投票或不投票，不服制止。
二、攜帶武器或危險物品入場。
三、有其他不正當行為，不服制止。
公民投票案投票人有前項情事之一者，令其退出時，應將其所持公民投票之票收回，並將事實附記於公民投票投票權人名冊該投票權人姓名下。其情節重大者，並應專案函報各該選舉委員會。

第二十三條
主管機關應於公民投票案公告成立後一個月起至六個月內舉行公民投票，該期間內有全國性選舉時，應與該選舉同日舉行。

第二十四條
公民投票投票權人名冊之編造、公告閱覽、更正、投票、開票及有效票、無效票之認定，準用公職人員選舉罷免法第十七條至第二十三條、第五十七條至第

六十二條、第六十四條、第六十六條規定。

公民投票案與全國性之選舉同日舉行投票時,其投票權人名冊,與選舉人名冊分別編造。

第二十五條

主管機關辦理全國性公民投票,得以不在籍投票方式為之,其實施方式另以法律定之。

第二節　地方性公民投票

第二十六條

公民投票案應分別向直轄市、縣(市)政府提出。

公民投票案相關事項,除本法已有規定外,由直轄市、縣(市)以自治條例定之。

直轄市、縣(市)政府對於公民投票提案,是否屬地方自治事項有疑義時,應報請行政院認定。

第二十七條

公民投票案之公告、公投票之印製、投票權人名冊之編造、公告閱覽、更正、公民投票公報之編印、公民投票程序之中止、辦事處之設立、經費之募集、投票、開票及有效票、無效票之認定,除主管機關外,準用第十七條至第二十四條規定。

第二十八條

公民投票案提案、連署人數、應附具文件、查核程序及發表會或辯論會之舉辦,由直轄市、縣(市)以自治條例定之。

第四章　公民投票結果

第二十九條

公民投票案投票結果,有效同意票數多於不同意票,且有效同意票達投票權人總額四分之一以上者,即為通過。

有效同意票未多於不同意票,或有效同意票數不足前項規定數額者,均為不通

過。

第三十條

公民投票案經通過者,各該選舉委員會應於投票完畢七日內公告公民投票結果,並依下列方式處理:

一、有關法律、自治條例之複決案,原法律或自治條例於公告之日算至第三日起,失其效力。

二、有關法律、自治條例立法原則之創制案,行政院、直轄市、縣(市)政府應於三個月內研擬相關之法律、自治條例提案,並送立法院、直轄市議會、縣(市)議會審議。立法院、直轄市議會、縣(市)議會應於下一會期休會前完成審議程序。

三、有關重大政策者,應由總統或權責機關為實現該公民投票案內容之必要處置。

四、依憲法之複決案,立法院應咨請總統公布。

立法院審議前項第二款之議案,不受立法院職權行使法第十三條規定之限制。

立法院、直轄市議會或縣(市)議會依第一項第二款制定之法律或自治條例與創制案之立法原則有無牴觸發生疑義時,提案人之領銜人得聲請司法院解釋之。

經創制之立法原則,立法機關不得變更;於法律、自治條例實施後,二年內不得修正或廢止。

經複決廢止之法律、自治條例,立法機關於二年內不得再制定相同之法律。

經創制或複決之重大政策,行政機關於二年內不得變更該創制或複決案內容之施政。

第三十一條

公民投票案不通過者,主管機關應於投票完畢七日內公告公民投票結果,並通知提案人之領銜人。

第三十二條

主管機關公告公民投票之結果起二年內,不得就同一事項重行提出。

同一事項之認定由主管機關為之。

第五章 罰 則

第三十三條

意圖妨害公民投票，對於公務員依法執行職務時，施強暴、脅迫者，處五年以下有期徒刑。

犯前項之罪，因而致公務員於死者，處無期徒刑或七年以上有期徒刑；致重傷者，處三年以上十年以下有期徒刑。

第三十四條

公然聚眾，犯前條之罪者，在場助勢之人，處三年以下有期徒刑、拘役或科新臺幣三十萬元以下罰金；首謀及下手實施強暴、脅迫者，處三年以上十年以下有期徒刑。

犯前項之罪，因而致公務員於死者，首謀及下手實施強暴、脅迫者，處無期徒刑或七年以上有期徒刑；致重傷者，處五年以上十二年以下有期徒刑。

第三十五條

以強暴、脅迫或其他非法之方法，妨害他人為公民投票案之提案、撤回提案、連署或投票，或使他人為公民投票案之提案、撤回提案、連署或投票者，處五年以下有期徒刑。

前項之未遂犯罰之。

第三十六條

對於有投票權之人，行求、期約或交付賄賂或其他不正利益，而約其不行使投票權或為一定之行使者，處三年以上十年以下有期徒刑，得併科新臺幣一百萬元以上一千萬元以下罰金。

預備犯前項之罪者，處一年以下有期徒刑。

預備或用以行求、期約或交付之賄賂，不問屬於犯罪行為人與否，沒收之。

犯第一項或第二項之罪，於犯罪後六個月內自首者，減輕或免除其刑；因而查獲提案人為正犯或共犯者，免除其刑。

犯第一項或第二項之罪，在偵查中自白者，減輕其刑；因而查獲提案人為正犯或共犯者，減輕或免除其刑。

第三十七條

有下列行為之一者，處一年以上七年以下有期徒刑，併科新臺幣一百萬元以上一千萬元以下罰金：

一、對於該公民投票投票區內之團體或機構，假借捐助名義，行求、期約或交付賄賂或其他不正利益，使其團體或機構之構成員，不為提案、撤回提案、連署或投票，或為一定之提案、撤回提案、連署或投票。

二、以賄賂或其他不正利益，行求、期約或交付公民投票案提案人或連署人，使之不為提案、撤回提案、連署或投票，或為一定之提案、撤回提案、連署或投票。

預備犯前項之罪者，處一年以下有期徒刑。

預備或用以行求、期約或交付之賄賂，不問屬於犯罪行為人與否，沒收之。

第三十八條

意圖漁利，包攬第三十六條第一項或前條第一項各款之事務者，處三年以上十年以下有期徒刑，得併科新臺幣一百萬元以上一千萬元以下罰金。

前項之未遂犯罰之。

第三十九條

公民投票案之進行有下列情事之一者，在場助勢之人，處一年以下有期徒刑、拘役或科新臺幣十萬元以下罰金；首謀及下手實施者，處五年以下有期徒刑：

一、聚眾包圍公民投票案提案人、連署人或其住、居所者。

二、聚眾以強暴、脅迫或其他非法之方法，妨害公民投票案提案人、連署人對公民投票案之進行者。

第四十條

意圖妨害或擾亂公民投票案投票、開票而抑留、毀壞、隱匿、調換或奪取投票匭、公投票、投票權人名冊、投票報告表、開票報告表、開票統計或圈選工具者，處五年以下有期徒刑。

第四十一條

將領得之公投票攜出場外者，處一年以下有期徒刑、拘役或科新臺幣一萬五千元以下罰金。

第四十二條

在投票所四周三十公尺內喧嚷、干擾或勸誘他人投票或不投票，經警衛人員制止後仍繼續為之者，處一年以下有期徒刑、拘役或科新臺幣一萬五千元以下罰金。

第四十三條

違反第二十一條第二項規定或有第二十二條第一項各款情事之一，經令其退出而不退出者，處二年以下有期徒刑、拘役或科新臺幣二十萬元以下罰金。

第四十四條

將公投票或選舉票以外之物投入票匭，或故意撕毀領得之公投票者，處新臺幣五千元以上五萬元以下罰鍰。

第四十五條

對於第二十條第一項第一款至第三款之捐贈，收受者應予查證，不符規定時，應於收受後二個月內繳交受理申報機關辦理繳庫。未依規定期限辦理繳庫者，處五年以下有期徒刑。

對於第二十條第一項第四款之捐贈，收受者應予查證，不符規定時，應於一個月內返還，逾期或不能返還者，應於收受後二個月內繳交受理申報機關辦理繳庫。違反者，處新臺幣二十萬元以上一百萬元以下罰鍰，並得限期命其繳交；屆期不繳交者，得按次連續處罰。

前二項收受者已盡查證義務者，不在此限。

捐贈違反第二十條第一項者，按其捐贈之金額處二倍之罰鍰。但最高不得超過新臺幣一百萬元。

違反第二十條第二項規定不依規定申報或違反第四項規定檢送收支憑據或證明文件者，處新臺幣十萬元以上五十萬元以下罰鍰，並限期申報或補正，逾期不申報或補正者，得按次連續處罰。

對於經費之收入或支出金額，故意為不實之申報者，處新臺幣五十萬元以上二百五十萬元以下罰鍰。

違反第二十條第六項規定或第七項所定辦法中關於登記設立及設立數量限制者，處新臺幣十萬元以上一百萬元以下罰鍰。

第四十六條

犯本章之罪，其他法律有較重處罰之規定者，從其規定。

辦理公民投票事務人員，假借職務上之權力、機會或方法，以故意犯本章之罪者，加重其刑至二分之一。

犯本章之罪，宣告有期徒刑以上之刑者，併宣告褫奪公權。

第六章　公民投票爭訟

第四十七條

公民投票之管轄法院，依下列之規定：

一、第一審全國性公民投票訴訟，專屬中央政府所在地之高等行政法院管轄；第一審地方性公民投票訴訟，由公民投票行為地之該管高等行政法院管轄，其行為地跨連或散在數高等行政法院管轄區域內者，各該高等行政法院均有管轄權。

二、不服高等行政法院第一審裁判而上訴、抗告之公民投票訴訟事件，由最高行政法院管轄。

第四十八條

有下列情事之一者，檢察官、提案人之領銜人得於投票結果公告之日起十五日內，以各該選舉委員會為被告，向管轄法院提起公民投票投票無效之訴：

一、各級選舉委員會辦理公民投票違法，足認有影響投票結果之虞。

二、對於提案領銜人、有公民投票權人或辦理公民投票事務人員施以強暴、脅迫或其他非法方法，妨害公民投票之宣傳、自由行使投票權或執行職務，足認有影響投票結果之虞。

三、有違反第三十六條、第三十七條、刑法第一百四十六條第一項、第二項規定之情事，足認有影響投票結果之虞。

前項公民投票投票無效之訴經判決確定者，不因同一事由經刑事判決無罪而受影響。

第四十九條

公民投票投票無效之訴，經法院判決無效確定者，其公民投票之投票無效，並定期重行投票。其違法屬公民投票之局部者，局部之公民投票投票無效，並就該局部無效部分定期重行投票。但局部無效部分顯不足以影響結果者，不在此限。

前項重行投票後，變更投票結果者，依第三十條之規定辦理。

第五十條

公民投票案之通過或不通過，其票數不實足以影響投票結果者，檢察官、公民投票案提案人之領銜人，得於投票結果公告之日起十五日內，以該管選舉委員會為被告，向管轄法院提起確認公民投票案通過或不通過之訴。

公民投票案通過或不通過確認之訴，經法院判決確定，變更原投票結果者，主管機關應於法院確定判決送達之日起七日內，依第三十條、第三十一條之規定辦理。

第五十一條

投票權人發覺有構成公民投票投票無效、公民投票案通過或不通過無效之情事時，得於投票結果公告之日起七日內，檢具事證，向檢察官舉發之。

第五十二條

公民投票訴訟不得提起再審之訴；各審受理之法院應於六個月內審結。

第五十三條

主管機關駁回公民投票提案、認定連署不成立或於法定期間內不為決定者，提案人之領銜人得依法提起行政爭訟。

公民投票訴訟程序，除本法規定者外，適用行政訴訟法之規定。

高等行政法院實施保全證據，得囑託地方法院為之。

民事訴訟法第一百十六條第三項規定，於保全證據時，得準用之。

第七章　附　則

第五十四條

本法所定罰鍰，由各該主管機關處罰；經通知限期繳納，逾期不繳納者，依法移送強制執行。

第五十五條

本法施行細則，由主管機關定之。

第五十六條

本法自公布日施行。

國家圖書館出版品預行編目資料

公民投票直接民主政治學／李昌麟著. －－初
版. －－臺北市：五南, 2018.07
　面；　公分
ISBN 978-957-11-9750-0（平裝）

1.公民投票

572.63　　　　　　　　　　107008025

1PAU

公民投票直接民主政治學

作　　　者 ― 李昌麟（84.7）

發 行 人 ― 楊榮川

總 經 理 ― 楊士清

副總編輯 ― 劉靜芬

責任編輯 ― 高丞嫻　呂伊真　李孝怡

封面設計 ― 姚孝慈

出 版 者 ― 五南圖書出版股份有限公司

地　　　址：106台北市大安區和平東路二段339號4樓

電　　　話：(02)2705-5066　　傳　　真：(02)2706-6100

網　　　址：http://www.wunan.com.tw

電子郵件：wunan@wunan.com.tw

劃撥帳號：01068953

戶　　　名：五南圖書出版股份有限公司

法律顧問　林勝安律師事務所　林勝安律師

出版日期　2018年7月初版一刷

定　　　價　新臺幣380元